UNIVERSITARIO

365

HISTORIAS

PEDRO ORTIZ BISSO

Universitario: 365 historias / Pedro Ortiz Bisso. - 1a ed. - Ciudad Autónoma de Buenos Aires: LIBROFUTBOL.com, 2022

190 páginas; 15,2 x 22,9 cm.

ISBN 978-987-8370-18-7

1. Fútbol.
CDD 796.33409

Universitario 365
de Pedro Ortiz Bisso

Cubierta: Luciano Medvetkin	Foto del autor: © Pedro Ortiz Bisso
© 2022– Pedro Ortiz Bisso © 2022– LIBROFUTBOL.com	Todos los derechos reservados

ISBN 978-987-8370-18-7   1ª edición: septiembre 2022

ediciones@librofutbol.com

+54 9 11 2215 1982

librofutbol

Olga Cossettini 1112 - oficina 8F - Ciudad de Buenos Aires - Argentina

CONTENIDO

ENERO

1 DE ENERO DEL 2017 — TRAUCO, EL MEJOR

El primer día del año amanecía con una noticia sorprendente: el mejor jugador del 2016 no era un delantero goleador, un volante fabricante de gambetas ni un arquero salvapartidos. Era un marcador de punta: Miguel Trauco. Fino para el trato con la pelota, sutil para el quite, preciso al momento del pase, el lateral izquierdo de Universitario fue ungido por directores técnicos, capitanes de equipo y periodistas reunidos por el diario El Comercio, el más importante del país. El Premio DT 2016 fue para un crack en construcción que se graduaría de mundialista dos años después.

2 DE ENERO DEL 2017 — EL ÚLTIMO ROUND DE 'TYSON'

Fue uno de los últimos en renovar. John Galliquio había jugado solo seis partidos en la temporada 2016 y anotado un gol. Las dudas sobre su futuro las acalló Roberto Chale, quien le dijo a la dirigencia que quería seguir contando con él. A punto de cumplir 38 años, 'Tyson' iniciaba su quinta y última etapa en el club. Campeón en el 2000, 2009 y 2013, ya no era más el zaguero recio y rápido para el anticipo, pero Chale valoraba su experiencia y se quedó.

3 DE ENERO DE 1959 — LA PARTIDA DE TOTO

Cuentan los viejos hinchas que su rostro afinado y sus bigotitos a lo Errol Flynn hacían furor en el público femenino. Y en la cancha, durante doce temporadas, fue sinónimo de picardía, gambeta y velocidad. Alberto Terry era el gran ídolo de la 'U' después de Lolo Fernández, pero en sus últimos años su juego había decaído. Su afición por la noche hizo mella en su juego y su reinado empezó a tambalear. Hasta que llegó el temido día. La 'Saeta Rubia' se convirtió en jugador de Sporting Cristal al aceptar una oferta que marcó época: de 80 mil soles de prima y 2,500 soles de sueldo, según recuerda José Alfredo Madueño en "Garra". Terry diría después que se fue porque en Odriozola no había dinero y necesitaba darle tranquilidad a su familia. Mientras estuvo en el club, la 'U' solo ganó un título (1949) y un subcampeonato (1955). El año en que se hizo rimense, Universitario volvió a ser campeón.

4 DE ENERO DE 1959 — CAMPEONES SIN EL 'GRINGO'

La confirmación de que Alberto Terry se iba a Cristal tenía visos de tragedia, aunque el rendimiento del 'Gringo' había ido a menos y la 'U' llevaba diez años sin sumar una estrella. Al día siguiente, el técnico Segundo 'Titina' Castillo convirtió la ausencia de 'Toto' en un reto y rearmó el equipo usando a un chiquillo que empezaba a ser mirado con admiración: Ángel Uribe. Con él, Jacinto Villalba, Manuel Márquez, Jaime y Daniel Ruiz construyó el nuevo ataque merengue que esa temporada marcó 43 goles en 18 partidos. Ese año, la crema alcanzó el cetro de campeón con cinco puntos de ventaja sobre Centro Iqueño, el segundo en la tabla de posiciones.

5 DE ENERO DE 1971 — EL BAYERN NO PUDO

Apenas meses después de haber sido rivales en México 70, Franz Beckenbauer, Gerd Müller y Sepp Maier vinieron al Perú y entrenaron nada menos que en el Lolo Fernández. El mítico trío era parte del Bayern Múnich que estaba de gira por América. El cuadro que dirigía Udo Lattek hizo su presentación ante Universitario en el Estadio Nacional. Unos 36 mil espectadores vieron cómo a los 15' de iniciado el compromiso, Oswaldo 'Cachito' Ramírez abría la cuenta de cabeza. Cinco minutos más tarde, Müller emparejaba el marcador; pero a los 22', Percy Rojas sacaba ventajas. Tras el descanso, el 'Bombardero de la Nación' puso el 2-2 a los 12'. El delantero no culminaría el encuentro ya que vería la tarjeta roja tras una gresca con el volante merengue Carlos Daniel Jurado, quien también fue expulsado. Más tarde, Roth dejaría a los muniqueses con 9 hombres. La 'U' alineó esa noche uno de los mejores onces de su historia: Rubén Correa; Pedro Gonzales, Héctor Chumpitaz, Luis La Fuente y Nicolás Fuentes; Luis Cruzado y Roberto Chale; Juan José Muñante, Ángel Uribe (Jurado), Percy Rojas y Oswaldo Ramírez.

6 DE ENERO 1946 — COMBINADO POR CUATRO

De Municipal llegaron Roberto 'Tito' Drago y Enrique Perales; de Alianza Lima, Carlos Gómez Sánchez y Juan Quispe. Con ellos Universitario armó un tremendo combinado para jugar un amistoso contra Botafogo de Brasil. La mezcla fue demoledora: la crema, que tuvo a Lolo Fernández y a su hermano Lolín en el ataque, vapuleó a la visita 4-0. Lolo, que ya andaba por los 32 años, marcó 3 tantos. El otro fue un autogol de Zarcy.

7 DE ENERO DE 1934 — DE MALAS EN CANARIAS

Se le llamó el Combinado del Pacífico, también All Pacific, pero en realidad era Universitario reforzado con jugadores de Alianza Lima y Colo Colo. La gira fue tumultuosa, descaminada y llegó a parecer interminable. En Islas Canarias, uno de los tramos del viaje, el cuadro nacional cayó ante Marinos (1-2) el viernes 5 y dos días después ya tenía otro rival: el Vitoria. El estado físico no respondió y el equipo perdió 3-1.

8 DE ENERO DE 1956 — EL RICO COMBINADO

Después de enfrentar a Universitario y Alianza Lima por separado, el Austria Viena cerró su gira por el Perú enfrentando a un combinado de cremas y blanquiazules. Arturo Fernández y Adelfo Magallanes se sentaron en el banco para dirigir a los once que salieron al campo del Nacional: Dimas Zegarra; Guillermo Delgado, Carlos Lazón, Víctor 'Monín' Salas; Germán Colunga, Cornelio 'Chocolatín' Heredia; Félix Castillo, Guillermo Barbadillo, Máximo 'Vides' Mosquera, Óscar Gómez Sánchez y Alberto 'Toto' Terry. Luego ingresaron René 'La Lora' Gutiérrez, Jacinto Villalba y Roberto 'Chupón' Castillo. El encuentro culminó 3-1 en favor de ese rico combinado. Los goles fueron de 'Vides' (2) y 'Chupón'. Descontó Ocwirk.

9 DE ENERO DE 1958 — UN 'MONO' TREPADOR

A Hugo Gastulo le decían 'Mono', aunque sus bigotillos desordenados en la comisura de los labios lo emparentaban más con Mario Moreno 'Cantinflas'. Era un marcapunta prolijo, serio, que trepaba cuando veía un resquicio y luego regresaba a su sitio presuroso, como cualquier escolar chancón. Cuando Leo Rojas pasó a ser lateral derecho, Gastulo se acomodó en la banda izquierda, con tanto éxito que alcanzó el titularato de la selección en la eliminatoria de 1985. Había llegado a la 'U' en 1974 y se mantuvo trece años más, tiempo en que celebró los títulos de 1982, 1985 y 1987.

10 DE ENERO DE 1985 — LA VUELTA DEL 'OSO'

La temporada anterior había finalizado con Fernando Cuéllar y Ricardo Valderrama al mando, luego de la partida del argentino José Ramos Delgado. Pese a obtener el sub-campeonato, la directiva prescindió de la dupla y encontró a Marcos Calderón, quien acababa de consagrarse campeón con Sport Boys. Dos días después de firmar contrato, el 'Oso' fue presentado al plantel, recuerda Rafael Quirós en "La U y su historia". Marcos volvía al club después de 17 años, mucho más maduro, y con una Copa América (1975) y una clasificación a un Mundial (Argentina 78) encima. Llegó para ser campeón.

11 DE ENERO DE 1963 — UNA GOLEADA ESPANTOSA

El hincha de la 'U' se golpea el pecho cuando recuerda el triunfo sobre River Plate, en su cancha, en la Copa de 1967 (gol del 'Ronco' Rodríguez), o el 2-1, también por la Libertadores, de 1989, con goles de Fidel Suárez y Leoncio Cervera. Hay, empero, un resultado oprobioso que la memoria se ha encargado de eliminar. En un amistoso jugado en Lima, en 1963, el cuadro millonario goleó 8-2 a la crema, en ese entonces dirigida por Manuel "ahijado" Márquez, aunque el técnico en funciones era el presidente del club, Plácido Galindo. La crisis fue tal que semanas después, Márquez –o, mejor

dicho, Galindo- fue reemplazado por el paraguayo Miguel Ortega.

---

12 DE ENERO DE 1986 — EL ÚLTIMO ZURDAZO DE OBLITAS

Un 3-3 ante Melgar en Lima le puso fin a la carrera de Juan Carlos Oblitas como jugador. Aún restaba mucho para que culminara el Descentralizado 1985, pero el 'Ciego' decidió irse así, sin grandes homenajes, cobijado por el agradecimiento del club donde inició su historia en el fútbol, primero en las divisiones infantiles, a mediados de los 60, y luego profesionalmente, el 23 de agosto de 1969 ante el KDT del Callao (0-0).

---

13 DE ENERO DE 1965 — GARRINCHA NO PUDO

Tras coronarse campeón en la temporada anterior, Universitario jugaba su primer amistoso del año. Su rival era Botafogo, club en el que brillaba uno de los mejores punteros derechos de la historia: Manuel Francisco Dos Santos, mejor conocido como Garrincha. Para marcar al habilidoso delantero brasileño de piernas chuecas, fue comisionado Nicolás Fuentes, un menudo marcapunta zurdo, aplicado para el quite y el pase seguro que había llegado procedente del Atlético Chalaco. Fuentes no se achicó ante 'Mané' y lo mantuvo controlado todo el encuentro, una de las razones que permitieron a la crema mantener invicta su valla. El encuentro jugado en Lima culminó sin goles.

14 DE ENERO DE 1998 — EL DRAMA DE ESIDIO

La versión oficial fue que tenía problemas familiares en Brasil y por ello se le había rescindido el contrato. Era extraño que Eduardo Esidio, figura del Alcides Vigo en la temporada pasada y flamante contratación merengue, se fuera del club así, intempestivamente, sin mayores explicaciones. La realidad era otra: Ese día, el médico del club, Jorge Alva, le informó que tenía VIH. Apenas conoció la noticia, el presidente de la institución, Alfredo González, decidió cortar el vínculo. No hubo ni una pizca de paciencia o compasión. La orden era expectorar a Esidio como si llevara una peste. La noticia de su mal se filtró a la prensa y el escándalo explotó. La presión mediática hizo que Edú consiguiera quedarse y semanas después, exactamente el 29 de abril, volvió a las canchas en un amistoso ante Unión Progreso de Tacna. Al final de la temporada, el brasileño no solo se convertiría en una de las figuras del club, sino que anotaría el gol que le daría a los cremas el título nacional.

15 DE ENERO DE 1939 — LOLO NO DEFRAUDÓ

Cuenta Efraín Trelles, en "Balón y Poder", que la prensa le había perdido la fe a Lolo Fernández a pocas semanas del Sudamericano de Lima. "Teodoro Fernández fue un gran jugador, pero ya no lo es", reseña el 'Cholo'. Al técnico de la blanquirroja, Jack Greenwall, la crítica le interesó poco y el forward merengue estuvo entre los 11 que debutaron ante la selección de Ecuador. Su apuesta fue ganadora: Lolo marcó tres de los cinco tantos con que Perú venció su primer escollo camino al título continental.

16 DE ENERO DE 1957 — LES CERRAMOS LA 'BOQUITA'

Son pocos los triunfos de clubes peruanos sobre argentinos, más aún ante los grandes de ese país. Con Boca Juniors, entre amistosos y encuentros oficiales, los enfrentamientos suman 17 (a enero del 2020), de los cuales la 'U' ha ganado en apenas seis ocasiones. Uno de ellos fue un amistoso jugado en el Nacional, ante el cuadro del 'Gato' Musimessi, Zubeldía y Angelillo. Universitario venció 3-1 con dos goles de Jacinto Villalba y uno del 'Chino' Daniel Ruiz.

17 DE ENERO DE 1937 — CAMPEÓN NO RECONOCIDO

Después de la participación en los Juegos Olímpicos de Berlín, la federación de fútbol tenía planificado organizar un torneo en la última parte de 1936, pero este se frustró. Además, la selección volvió a formarse para participar en el Sudamericano de Argentina, que se inició en diciembre, lo cual acabó con cualquier intención de organizar un campeonato. De todos modos, a fin de darle actividad a los clubes, la División de Honor organizó un certamen amistoso que culminó con Universitario en el primer lugar. La crema superó en la final a Alianza Lima 2-0, en el Nacional, con tantos de Flores Guerra y Balbuena.

18 DE ENERO DE 1991 — LA PRIMERA PIEDRA

El sueño de tener un estadio a la altura de los mejores del mundo empezó a cobrar forma. El presidente de Universitario, Jorge Nicolini, colocó la primera piedra del Monumental sobre el terreno donde se ubica el recinto, en la avenida Javier Prado, en Ate. Además de miembros de su directiva, asistieron a la ceremonia el alcalde de Lima, Ricardo Belmont; el arquitecto Walter Lavalleja, impulsor del proyecto; y los presidentes de Alianza Lima, Alberto Espantoso, y Sporting Cristal, Federico Cúneo. El objetivo era concretar la construcción de un coloso para 60.000 personas no más allá de 1993. Diversas circunstancias impidieron que ello se hiciera en el tiempo previsto.

19 DE ENERO DE 1954 — VUELVE UN VIEJO CONOCIDO

Arturo Fernández había dirigido a la 'U' entre 1941 y 1951, conseguido cuatro campeonatos (1941, 1945, 1946 y 1949) y algunos sonoros fracasos. Su reemplazante, el argentino José Cuesta Silva, no dio resultados pese a sus antecedentes en el fútbol de su país. Es más, si se lo recuerda es por haber sido el último técnico de Lolo Fernández (y su renuencia a hacerlo jugar en el que sería su último clásico). El hermano mayor de Lolo fue convocado para retomar las riendas del equipo por el presidente de la institución, Plácido Galindo.

20 DE ENERO 1959 — LA FRANJA DERROTADA

Lima fue escenario de un hexagonal internacional que contó con la participación de Flamengo (Brasil), River Plate (Argentina), Colo Colo (Chile), Peñarol (Uruguay), Universitario y Alianza Lima. La 'U', que se había reforzado con Roberto 'Tito' Drago, estrella de Deportivo Municipal, superó 2-1 a River por la denominada Gran Serie Suramericana Interclubes, la célula de lo que tiempo después se convertiría en la Copa Libertadores de América.

21 DE ENERO 1966 — EL INICIO DE LA HISTORIA

Héctor Chumpitaz Gonzales era un macizo defensor central, de corta estatura (1,71m), cuya agilidad y fuerza lo convertían en una muralla impasable. Los cronistas de la época lo comparaban con Pelé por la manera cómo iba por el balón por elevación, ya que tras saltar volvía a estirarse en el aire (el famoso "doble salto") y superaba a rivales que parecían imposibles de alcanzar. Había debutado en Unidad Vecinal, integrado la selección preolímpica de 1964 y era figura en Deportivo Municipal. Su éxito con los ediles hizo que la 'U' anunciara su contratación. Allí empezó a construir su historia al lado de José Fernández, Luis Cruzado, Nicolás Fuentes, Víctor Calatayud, Roberto Chale, Ángel Uribe, Enrique Casaretto y otras estrellas de la época. Al final de ese año, la prensa lo elegiría el mejor de la temporada.

22 DE ENERO DE 1939 — LOLO POR DOS

La primera de las dos Copas América que ostenta el Perú la obtuvo en Lima. Antes del partido definitivo ante Uruguay, el triunfo sobre Chile fue un ladrillo fundamental para construir esa conquista. En ese recordado 3-1, Lolo Fernández se robó el protagonismo como mejor sabía hacerlo: anotó dos tantos. Uno de ellos fue considerado el más hermoso del campeonato: corría el minuto 25 y Jorge Alcalde se escurrió por el medio en campo chileno. Antes de pisar el área grande, cedió a la derecha por donde ingresaba el cañetano. El 'Cañonero' vio venir la pelota alta y, a la carrera, encajó un derechazo en primera. El balazo se clavó arriba, en el ángulo derecho del arco chileno. De ese golazo se sigue hablando hasta hoy.

23 DE ENERO DE 1999 — PENSANDO EN 'GOYO'

Mientras dirigía a la Sub 20 en el Sudamericano de Mar del Plata, Juan Carlos Oblitas pensaba en la selección mayor. El despacho de El Comercio indica que entre la baraja de posibilidades que ensayaba el 'Ciego' pensando en la Copa América de ese año, había un nombre que destacaba: Gregorio 'Goyo' Bernales. El recio mediocampista que había brillado en la temporada anterior con el Deportivo Pesquero, acababa de fichar por dos años con Universitario. Los brillos del refuerzo empezaban a relucir.

24 DE ENERO DE 1971 — INTERCAMBIO A LA FRANCESA

De paso por Perú, la selección francesa que dirigía Georges Bolougne enfrentó a Universitario en un Estadio Nacional que recibió a 42,195 espectadores. Jesús Goyzueta; Julio Luna, Luis La Fuente, Héctor Chumpitaz, Félix Salinas; Luis Cruzado (Ángel Uribe), Roberto Chale, Carlos Daniel Jurado; Juan José Muñante, Percy Rojas y Oswaldo Ramírez (Carlos Urrunaga) salieron a enfrentar al conjunto francés, que se preparaba para intervenir en la Eurocopa. Lo más llamativo del encuentro, que culminó sin goles, fue lo ocurrido al final: los jugadores intercambiaron sus pantaloncillos. Los franceses siguieron su gira por Argentina y Brasil.

25 DE ENERO DE 1942 — LOLO SALVÓ EL HONOR

El desempeño de la selección en el Campeonato Sudamericano de Uruguay fue pobre. Apenas un triunfo sobre Ecuador, dos empates y 3 derrotas fue el saldo magro de la excursión por Montevideo. Lolo Fernández, a quien algunos quisieron culpar del fracaso según reseña Guillermo Cortez

Núñez, hizo 2 de los 5 goles anotados por la blanquirroja. Ese 25 de enero, marcó uno de ellos en la valla del argentino Gualco, en la derrota por 3-1 a manos de la albiceleste.

26 DE ENERO DE 1966 — EL 'PRÍNCIPE' ANTE EL 'REY'

Había debutado cinco días atrás en un amistoso ante River Plate, en el cual la 'U' había sorprendido con un triunfo por 2-0. El siguiente encuentro de Luis La Fuente con la camiseta crema fue nada menos que ante el poderoso Santos, que traía al 'Rey' Pelé en sus filas. El 'Príncipe' no le huyó al enorme reto y salió bien librado del partido que culminó 2-2. Siete temporadas estuvo el zaguero central en el cuadro crema, el cual dejó para marcharse al José Gálvez de Chimbote.

27 DE ENERO DEL 2013 — ¿Y ESOS URUGUAYOS?

Día de estreno para Ángel David Comizzo. Dos uruguayos desconocidos se vestían de crema por primera vez y en esa 'U' austera, repleta de jóvenes, no había margen de error para los refuerzos. Sebastián 'Chapu' Fernández, delantero, y Diego Guastavino, volante, eran los hombres a mirar. Y no defraudaron, aunque Melgar, el rival en suerte, se llevó la victoria por 2-1 con goles de Bosco Frontán. El 'Chapu', velocísimo, hizo el descuento; su compatriota, un volante gambeteador amante del toque, mostró chispazos de su valía. Al lado de ellos, un chiquillo empezaba a mostrarse más cuajado en el manejo del balón: se llamaba Christofer Gonzales. Los tres, once meses después, gritarían campeón.

28 DE ENERO DE 1985 — MARCOS Y SU SEGUNDO DEBUT

Marcos Calderón inició formalmente su segunda etapa en Universitario con su presentación al plantel. Esa 'U' que al final de la temporada lograría el título tenía en sus filas a media selección: Ramón Quiroga, Leo Rojas, Samuel Eugenio, Hugo Gastulo, Luis Reyna, Javier Chirinos y Juan Carlos Oblitas. Asimismo, a Freddy Ternero, Miguel Gutiérrez, Jaime Drago, Miguel Seminario, Eduardo Rey Muñoz, Fidel Suárez, Ernesto Guillén, Pedro Novella, Claudio Pedraglio y Martín Duffó. Era, por lejos el mejor plantel del fútbol nacional.

29 DE ENERO DE 1934 — DERROTA EN TENERIFE

Extenuado y con problemas internos, sin tener claro cuándo volverían a casa, Universitario (o el 'Combinado del Pacífico') siguió su marcha en Santa Cruz de Tenerife y allí enfrentó varios encuentros ante escuadras locales. El tercero de ellos lo perdió con el Tenerife 3-1. El cansancio, el tedio y la ansiedad pesaban. Y mucho.

30 DE ENERO DE 1991 — QUÉ BELLEZA, ROBERT

Cuando el 'Chucho' Torrealva lanzó la pelota hacia la banda izquierda, donde estaba Vidales, él la siguió con la mirada. Mientras el marcapunta intentaba deshacerse de su marca, decidió meterse en diagonal al área, simulando ser un 9. El centro a media altura vino rápido, así que Roberto Martínez tuvo milésimas de segundos para pensar. Tenía solo 23 años, aunque ya sabía lo que era ganar definiciones, ante estadios reventando, como el Nacional esa noche. Sin desacomodarse, Roberto mató la pelota con un toque, levantó la mirada y vio a Purizaga recostado sobre su derecha. Ahí nomás enfiló

el disparó y la clavó sobre la zurda del golero aliancista. La belleza de la definición estaba por encima de lo que ofrecía el fútbol peruano en ese 1991 incierto. El marcador no se movió más los siguientes 67 minutos. La 'U' vencía otra vez a Alianza Lima y se consagraba campeón del Regional II. Con ese cetro, definiría el título nacional ante Sport Boys.

31 DE ENERO DE 1933 — EL CAMBIO DE NOMBRE

Con ocho años de fundado, la Federación Universitaria de Fútbol necesitaba modernizarse y para ello la directiva de ese entonces, presidida por Andrés Echevarría Maúrtua, dispuso cambiar los estatutos y desligarse de las autoridades de la Universidad Nacional Mayor de San Marcos. "Fue un paso decisivo, exigido más que nada por la presión del pueblo todo en su afán de participar directamente en la vida del club", señala Rafael Quirós en su libro "La 'U' y su historia". De acuerdo con el nuevo estatuto, el club pasó a llamarse Universitario de Deportes.

FEBRERO

---

1 DE FEBRERO DEL 2009 — LA EXCUSA DEL 'CABEZÓN'

Meses antes de consagrarse campeón, Juan Reynoso empezaba sus primeros ensayos y el equipo que había formado no daba fuego. Surgían algunas miradas de reojo, gestos de desengaño. Esa vez, como justificación, dijo que el césped sintético dificultó sus planes en el 0-0 ante el humilde José Gálvez. Nolberto Solano ya era parte del equipo, pero aún no debutaba porque requería encontrar su mejor forma física.

---

2 DE FEBRERO DE 1966 — Y UN DÍA NACIÓ EL 'RATÓN'

Llegó en silencio. Parecía el relleno de un paquete charrúa que tenía como atractivo a Ernesto 'Pinocho' Vargas, dos veces campeón de la Libertadores (Peñarol, 1982; y Nacional, 1988). Ambos llegaron a Odriozola el 31 de enero de 1991. Vargas fue un fiasco y se marchó pronto. El 'Ratón' se quedó hasta el 94, y aunque las lesiones no hicieron que su estadía se prolongara, se metió en el imaginario del hincha noventero. Tomás Dolimar Silva Reyes, el 'Ratón' Silva para la patria pelotera, era una suerte de abrelatas de las defensas más férreas. Técnicamente no era un dotado, tampoco muy ligero de cintura. Lo suyo era potencia y persistencia pura. Tomaba la pelota y picaba, detenía la marcha de improviso y con el hueco fabricado, metía el centro o buscaba anotar.

Fue fundamental en el bicampeonato 92-93, aunque perdió espacio con Markarián. Es de esos jugadores que uno quiere que no envejezcan nunca, que quiere verlos con la crema toda la vida.

3 DE FEBRERO DE 1991 — EL 'GATO' MAÚLLA FUERTE

Uno de los próceres de la brillante Libertadores del 72 fue llamado a apagar el incendio. Juan Carlos Oblitas se marchó tras perder el Regional I y se le encargó la posta a Fernando Cuéllar. Del 'Gato' abundan las anécdotas sobre su forma poco prolija para dirigir, de su poco apego por cuestiones tácticas. La 'U' tenía un plantel amplio y experimentado en el que además de Pedro Requena, Leo Rojas, Roberto Martínez, 'Puchungo' Yáñez y Andrés Gonzales, destacaba el veterano Germán Leguía, quien no terminaría la temporada tras una disputa con Cuéllar. Luego de quedar cuarto en la Zona Metropolitana, la 'U' avanzó hacia el Octogonal final. Ahí quedó arriba junto con Alianza Lima, al que venció en un encuentro definitorio (que le permitió ganar el Regional II y disputar la final con Sport Boys, ganador del Regional I). El país vivía los efectos de las radicales medidas económicas impuestas por Alberto Fujimori, así que menos de 11 mil espectadores asistieron a esa tarde-noche al Nacional (el encuentro empezó a las 6:00 p.m.). Los rosados se pusieron en ventaja con un autogol de Pedro Requena, pero a la media hora de juego Roberto Martínez puso el empate y el uruguayo Héctor Cedrés marcó el segundo al inicio del complemento. Jesús Torrealva limpió a dos rivales para que Martínez marcara el tercero y el 'Torito' Oswaldo Araujo anotó el cuarto, tras una nueva habilitación del 'Chucho'. El brasileño Paris disimularía la goleada para el 4-2 definitivo. El título fue la cumbre para el 'Gato', a quien luego la Federación Peruana de Fútbol le entregaría el mando de la selección que participaría en el Preolímpico de Asunción.

4 DE FEBRERO DE 1999 — COMPANY GANÓ LA BATALLA

Los diarios deportivos informaban que Juan Batalla, el joven delantero salido de las canteras de Vélez, había marcado un gol de penal en el partido de práctica ordenado por Miguel Company en la víspera. El encuentro entre titulares y suplentes había culminado 2-2, pero el técnico insistía en que le faltaban delanteros. ¿Y Batalla? Nunca encandiló al técnico, pese a que llegó con el cartel de ser igual o mejor que Mauro Cantoro, la figura la temporada anterior. Su indisciplina, disfrazada de múltiples lesiones, hizo de la permanencia del argentino una guerra que, finalmente, Company ganó.

5 DE FEBRERO DE 1966 — EL PRIMER CLÁSICO POR LA LIBERTADORES

De un lado, Dimas Zegarra, Luis La Fuente, José Fernández, Héctor Chumpitaz, Luis Cruzado, Roberto Chale y Enrique Casaretto; del otro, Rodolfo Bazán, Juan de la Vega, 'Babalú' Martínez, Víctor 'Pitín' Zegarra y Pedro Pablo 'Perico' León. Marcos Calderón estaba en el banco crema y Jaime de Almeyda en el blanquiazul. Carlos Rivero era el de negro. Había casi 20 mil personas esa noche en el Nacional, escenario del primer clásico que se disputaba por la Copa Libertadores de América. Universitario ganó 2-0 con goles de Chumpitaz (penal) y Chale.

6 DE FEBRERO DEL 2001 — VÉLEZ NI SUDÓ

Poco, poquísimo quedaba del equipo tricampeón, desarmado y sin dinero, envuelto además en su enésima crisis por el control del club. El debut en la Libertadores tuvo rostro de espanto: Vélez Sarsfield, que estaba lejos de sus mejores épocas, hizo del Monumental su finca y se regresó a casa con un 2-0 muy cómodo. Jairo Castillo y Federico Domínguez marcaron los goles del cuadro que dirigía el uruguayo Óscar Washington Tabárez.

7 DE FEBRERO DE 1999 — QUÉ PRESUPUESTO

Un informe del suplemento Deporte Total de El Comercio hacía una radiografía de los equipos que participarían en el Torneo Descentralizado de ese año. En el caso de Universitario, un dato destaca entre la relación de jugadores, miembros del cuerpo técnico y jugadores: el presupuesto del equipo. Ese año, la crema tenía previsto invertir 3.500.000 dólares para sostener su plantel. Eran otros tiempos.

8 DE FEBRERO DE 1966 — EMPATE A LOS ITALIANOS

Los usos de esos años hicieron que argentinos, venezolanos y peruanos fueran sembrados en el Grupo I de la Copa Libertadores. A Universitario le tocó ir a Caracas a jugar con Deportivo Italia, un cuadro que supuso más dificultades de lo imaginado. El cuadro de Marcos Calderón, pese a contar con Chumpitaz, La Fuente, Cruzado, Calatayud, Casaretto y Angelito Uribe, solo pudo arrancar un empate a dos goles por bando. Zavala y Lobatón marcaron para los cremas, mientras que Zeilka y Tacaronte anotaron por el local.

9 DE FEBRERO DE 1983 — EL ZAPATAZO DEL 'TRUCHA'

Quienes empiezan a rozar las cinco décadas, o ya las traspasaron, dicen que fue uno de los goles que más han gritado.

El zapatazo del 'Trucha' Rojas acabó con varias rachas funestas: seis años sin vencer a Alianza por el campeonato local y cuatro desde el último triunfo en la Copa Libertadores (gol de Carlos 'Piticlín' Palacios). Puso, además, a la crema a tiro de campeonato, tras ocho años de frustraciones. El vuelo de 'Caíco' Gonzales Ganoza ante el disparo de Rojas fue estéril. Esa noche maravillosa, plena de emociones, arrancó con un discutido penal marcado por Germán Leguía, al que le siguió el empate de Guillermo La Rosa segundos después. El buen Percy pondría las cosas en su sitio.

10 DE FEBRERO DE 1993 — AQUÍ ESTÁ EL CAMPEÓN

Sporting Cristal era el subcampeón, pero asomaba como favorito. La Copa Libertadores no parecía un bocado muy dulce para la escuadra de Iván Brzic, que llegó al debut con demasiadas dudas. En la cancha estas desaparecieron a pesar del gol de Carlos Torres, conseguido en complicidad con el golero Carlos Marrou. La 'U' se repuso con una eficacia inusitada. Arrancó Roberto Martínez tras un rebote corto en el área, siguió Ronald Baroni con un zurdazo sobre la marca de Leo Rojas y cerró la noche 'Balán' Gonzales, con parada de pecho y fusilamiento. El 3-1 era presagio de que más cosas buenas estaban por venir.

11 DE FEBRERO DEL 2010 — SIN PUNTERÍA EN SANTA CRUZ

Pocas veces un club peruano generó tantas ocasiones de gol de visita, y en una Copa Libertadores. El equipo de Juan

Reynoso atacó sin piedad al Blooming en Santa Cruz. Solo la angurria y la mala puntería de los delanteros cremas, en particular Piero Alva, evitaron un resultado más amplio. La cuenta se abrió recién luego del descanso a través de Carlos Orejuela (52') y aumentó Fito Espinoza (75'). Gómez, a los 90', puso el de honor para los bolivianos.

12 DE FEBRERO DE 1983 — UN TÍTULO MUY MONO

En los ochenta, un campeonato sin liguilla no merecía llamarse campeonato. La regularidad de una temporada podía irse al tacho en esos torneos cortísimos que no premiaban al mejor del año, sino al que golpeara en el momento oportuno. En la que definía el Descentralizado 1982 jugaron solo cuatro equipos y Universitario, que había vencido a Alianza Lima en la segunda fecha (y antes a Juan Aurich), debía despachar a Municipal para volver a gritar campeón después de ocho temporadas. En el preliminar, los íntimos vencieron 1-0 a los chiclayanos y se quedaron en las graderías el Nacional a la espera de un milagro. Pero no sucedió. Hugo 'Mono' Gastulo, uno de los sobrevivientes de los campeones del 1974, marcó la solitaria conquista con que el equipo de Germán Leguía y Percy Rojas, que comandaba desde el banco don Roberto Scarone, dio la vuelta por decimosexta vez.

13 DE FEBRERO DE 1995 - VOTA POR EL MAGO

Todo candidato necesita un golpe de efecto, un anuncio radical que marque distancia con sus competidores y genere adhesiones entre quienes lo miraban con duda. Alfredo González Salazar, candidato a suceder a Jorge Nicolini en la presidencia del club, lanzó su más cara promesa: la vuelta de Sergio Markarián a la conducción del club. El anunció surtió efecto: González fue elegido y el uruguayo, cinco días después, estaba en Lima acompañado de su esposa y el preparador físico Mario Mendaña.

14 DE FEBRERO DE 1979 — ALVA: ÍDOLO Y VILLANO

Ni por haber nacido en el día del amor a Piero Alva se lo deja de odiar. Seamos justos. Se lo odia tanto como se lo ama. Con Piero no hay puntos medios. Imposible no ligar su nombre con los clásicos y transportarse a la definición del 2009 para revivir su sensacional tijera que enmudeció Matute o festejar con locura el cabezazo en el Monumental que nos hizo resucitar cuando el partido se extinguía. Integrante de los chicos de Piazza, esa pandilla de imberbes que el argentino mandó a la cancha del Descentralizado 98 sin escalas, nunca ocultó su hinchaje por el merengue, aún en esas tardes penosas en que cada decisión errada era premiada con insultos irrepetibles.

15 DE FEBRERO DE 1998 — EL DEBUT DEL TORO

Llegó a Lima el 11 de febrero, al lado de Diego Gross, un delantero menudito que parecía recién salido de una escuela secundaria. Mauro Cantoro entrenó, concentró y Piazza lo anunció entre los titulares que saldrían a la cancha el domingo 15 ante Melgar. Dos goles, uno de ellos de penal, fueron su carta de presentación en el 3-0 de aquella tarde. Quienes gozamos con su juego potente y encarador, suponíamos que su presencia en Odriozola era un error. No podía ser posible que Vélez hubiera dejado libre a un jugador con esas condiciones. Es que el 'Toro' la rompía. Miraba siempre al frente y si veía un hueco, largaba el cañonazo. Era un ferrocarril sin freno que se llevaba por delante lo que saliera a su paso.

Los rivales empezaron a molerlo a patadas, pero el 'Toro' no se echó para atrás. Con la crema jugo menos de lo que uno cree, pero le bastó para meterse en el corazón del hincha que hoy busca sus goles en YouTube como quien persigue una bendición.

16 DE FEBRERO DE 1951 — NO NACIÓ CIEGO

Mollendino de nacimiento, los colores cremas le fueron familiares desde chico, sin que ello le facilitaran las cosas. Cuando Juan Carlos Oblitas empezó a destacar en las fuerzas básicas, Universitario tenía a varios de los mejores delanteros del país -Ángel Uribe, Percy Rojas, 'Cachito' Ramírez, Juan José Muñante, Víctor Calatayud- y no tenía manera de hacerse un sitio. No bajó la cabeza y logró abrirse paso. Puntero izquierdo punzante e inteligente, fue uno de los primeros en comprender que debía retroceder para ayudar a su marcador y darle aire a la mediacancha. Apodado el 'Ciego' porque usaba lentes de contacto cuando jugaba, fue parte del plantel campeón de 1969 y repitió en 1971, 1974 y 1985. Con el buzo merengue ganó el título de 1987.

17 DE FEBRERO DEL 2010 — PIERO, EL IMPREDECIBLE PIERO

A Reynoso se le acusaba de pensar más en su arco que en el rival. Sin embargo, una segunda mirada a aquel equipazo que armó para la Libertadores del 2010 muestra un once esquemático, pero arriesgado, que le daba libertad a sus talentos. Uno de ellos era Piero Alva. El impredecible Piero Alva. Ante Lanús, en el Monumental, se construyó un gol maravilloso: forzó una jugada por derecha y con la pelota casi perdida, prefirió -terco él- sacarse a dos jugadores con un movimiento de cintura. Antes de pisar el área grande, cuando sus fuerzas se diluían, estiró el piecito izquierdo y sacó un tiro esquinado, no muy fuerte, que se metió en un rincón del arco argentino. La hechura del golazo era de un privilegiado. Es que Alva era así: podía perder las más fáciles (luego erró una ocasión increíble con el arco a su merced) y fabricar las más complicadas. El segundo lo puso Labarthe con un cabezazo parecido a un misil. Qué Copa maravillosa vivimos aquella vez.

18 DE FEBRERO DEL 2003 — LA COPA MÁS TAQUILLERA

Cuarenta y siete puntos hizo la 'U' en el Apertura 2002. Eso le valió forzar una definición con Alianza que culminó victoriosamente en el Mansiche y que Cappa simbolizó en una frase: "Contra todo y contra todos". Tras el título, la crema quedó desmantelada por la crisis económica y apenas sumó 19 unidades en el Clausura, lo que le impidió pelear por el título con Sporting Cristal. Pero tenía un consuelo: la clasificación a la Libertadores 2003. Contrató a un entrenador, el Tato Ortiz, quien trajo cuatro extranjeros desconocidos (Los defensas Fabián Pumar y Bruno Piano, el volante Jorge Artigas y el atacante Álvaro Pintos). Con ellos recibió al Racing de Oswaldo Ardiles y atrajo a sus tribunas a 47.794 fanáticos, el mayor número de hinchas que haya asistido a un partido de Libertadores en el Monumental hasta ese momento. El encuentro culminó 1-1. Abrió la cuenta Artigas, de tiro libre, mientras que la visita empató con un autogol de Pumar.

19 DE FEBRERO DEL 2009 — ESE PELOTAZO DE ÑOL

Esa 'U', la de Juan Reynoso, no apabullaba. Cubría toda la cancha y mostraba pocas fisuras. Por eso el Descentralizado lo ganaría al galope. El talento le pertenecía a Solano, quien a los 35 años, sin moverse mucho, hacía lo necesario para regalar lo que quedaba de su sabiduría. De cada pelota parada, de cada balonazo preciso, generaba una situación de peligro. La Libertadores había arrancado con una derrota de visita ante Libertad de Paraguay, así que a San Lorenzo, en Ate, la obligación era ganarle como fuera. Y así ocurrió. A los 19', Ñol metió un pelotazo de 40 metros para la escapada de Calheira y el delantero tomó velocidad rumbo al arco de los cuervos. Cuando pisaba el área, el brasileño fue empujado por Bottinelli y quedó desparramado. El árbitro cobró sin dudar: penal y roja para el argentino. Detrás de la pelota se colocó Solano, quien transformó la falta en gol. En adelante se vio un partido intenso, electrizante, que la visita no dio por perdido nunca. La crema solo se mostró por ráfagas, suficientes para que Fito Espinoza estrellara un zurdazo al palo y Alva, en una de sus noches acostumbradas, hiciera puntería en la tribuna. Pero la figura fue Ñol. Su derecha generosa definió el partido.

20 DE FEBRERO DE 1989 — 'PUCHUNGO' LES TAPÓ LA BOCA

Se jugaba la Copa Libertadores, pero el equipo del 'Pato' Pastoriza llegó a Lima mirando por encima del hombro. Guardó a Navarro Montoya, Cucciuffo, Marangoni, Comas y Perazzo, aunque trajo a un jovencísimo Diego Latorre. La joya, sin embargo, se quedó en la banca. Al frente estaba la 'U' de Oblitas que, ofendida, tomó la iniciativa desde el inicio con un equipo más peleador que talentoso, donde destacaban José del Solar, Eduardo Rey Muñoz, Leo Rojas, Pedro Requena, Fidel Suárez y el 'Puma' José Carranza. El solitario gol del encuentro lo marcó a los 33' Alfonso Yáñez, la joven estrella merengue. 'Puchungo', quien parecía que iba a descalancarse después de cada choque, le cambió de dirección a un balón enviado como centro por Leoncio Cervera.

21 FEBRERO DEL 2001 — DEL TRICAMPEÓN NO QUEDÓ NADA

La felicidad se había marchitado rápidamente. Poco sobrevivía del glorioso tricampeón que con brillantez había ganado el torneo apenas semanas atrás. Sus goleadores, Esidio y Alva, habían huido seducidos por sustanciosas ofertas económicas que el club, envuelto en su enésima crisis institucional, no podía superar. Tampoco seguía Marko Ciurlizza, el tiempista mayor de esa volante irrepetible. Así, magullado en su ánimo y su poderío, llegó al Gigante de Arroyito la crema de Chale, el mismo escenario donde 23 años antes la selección se despidiera del Mundial cayendo 6-0 ante Argentina. Las coincidencias no pudieron ser mayores. El peor partido de Universitario en años terminó en una humillación dolorosa. Ezequiel González en tres ocasiones, Cuberas, Moreno y Pizzi marcaron para el Rosario Central de Edgardo Bauza. Como Quiroga, otro argentino de nacimiento -Óscar Ibáñez- defendió la valla merengue. Al igual que el Loco, el buen Óscar no tuvo nada que hacer en esa jornada triste y vergonzosa.

22 DE FEBRERO DE 1968 — CINCO VECES WILSTERMANN

Entre mediados de los 60 y 1975, Universitario era un equipo de temer en América. Y Jorge Wilstermann pagó los platos rotos. En Cochabamba fue un magro 0-0; en Lima resultó un festín. Percy Rojas en tres ocasiones y Daniel Flores en dos construyeron el 5-1, un paso más en la ruta para ganar el grupo 2 que compartía con Sporting Cristal y Always Ready de La Paz. Rubén Correa, Pedro Gonzales, José Fernández,

Héctor Chumpitaz, Nicolás Fuentes, Lucho Cruzado, Roberto Chale, Angelito Uribe y el 'Calato' Calatayud completaron el once que dirigía el 'Oso' Marcos Calderón.

23 DE FEBRERO DE 1930 — LA FEDERACIÓN CAMPEÓN

El terremoto de 1940 se llevó las tribunas del estadio Víctor Manuel III, cuya cancha aún sobrevive en la actual sede del Círcolo Sportivo Italiano, en Pueblo Libre. Sobre ese piso, hoy sintético, la Federación Universitaria obtuvo su primera estrella. Cuatro goles de Carlos Cillóniz y tantos de Jorge Góngora, Pacheco y Luis de Souza Ferreyra pintaron el contundente 7-0 sobre el cuadro 'italiano'. El equipo lo dirigía un fundador de la institución, Andrés Rotta, quien también jugaba como back, compartiendo equipo con Alberto Denegri, Plácido Galindo, Eduardo Astengo y Mario de las Casas, entre otros.

24 DE FEBRERO DE 1979 — EL MATUTAZO

A finales de los 70, la 'U' se había convertido en un club con una economía frágil que redundaba en un plantel con escaso lustre. El amanecer de la Copa Libertadores, a la cual había llegado como subcampeón, lo halló enfrentándose en el debut a Alianza Lima, que por ese entonces tenía en sus filas a Teófilo Cubillas, César Cueto, José Velásquez, Jaime Duarte, Guillermo La Rosa y Roberto Rojas, es decir, quizás los mejores jugadores de su historia. A la crema la capitaneaba Fernando Cuéllar, un ilustre veterano, a quien acompañaban Germán Leguía, David Zuloaga, Eusebio Acasuzo, Hugo Gastulo, Juan José Oré y Ernesto 'Chivo' Neyra. La ventaja mayor la tenía en el banco: Roberto Scarone, el viejo sabio que la llevó al subcampeonato del 72. Las cosas arrancaron mal en Matute: un autogol de Cuéllar inclinó la cancha en forma peligrosa. Pero un tanto de Adriazola y otro marcado en propia puerta por Cueto dibujaron la inesperada ventaja antes del descanso. Alejandro Luces, Oré, Neyra y otra vez Adriazola completaron la goleada inesperada. Illescas y Ravello hicieron menos penoso el resultado para el local. El 6-3 servía para arrancar la Copa con brío y cobrar algunas humillaciones anteriores. La 'U' se ponía en lo más alto del grupo que compartía con Guaraní y Palmeiras de Brasil.

25 DE FEBRERO DE 1972 — EL PRIMER CAPÍTULO DE UNA GRAN HISTORIA

El camino a la final de la Libertadores se inició en casa frente al rival que todo crema quiere ver en una cancha. Ante los Velásquez, 'Pitín', Cueto, Rivero y el 'Nene' Cubillas, estuvieron Ballesteros, Soria, Carbonell, Cuéllar y Luna; el 'Cachorro' Castañeda, Ángel Uribe y cuatro superdelanteros: Juan José Muñante, Percy Rojas, Héctor Bailetti y Oswaldo 'Cachito' Ramírez. Techera tuvo que entrar para darle aire al medio y el 'Ciego' Oblitas para seguir mirando el arco de Salinas. El resultado fue un 2-1 que costó mucho. Percy y 'Cachito' hicieron los tantos, mientras que Rivero descontó para la visita esa noche de Copa en el Nacional.

26 DE FEBRERO DE 1983 — LAS OBRAS EN CAMPO MAR

A mediados de los sesenta, la directiva reconoció que era necesario ampliar las instalaciones del club a fin de brindar mayores servicios a los socios. Es así que se adquiere un terreno de 52 mil metros cuadrados con vista a la playa, al sur de Lima, en el distrito de Lurín. El tiempo pasó y durante 12 años no se puso un solo ladrillo. Recién a inicios de

los ochenta, cuando Miguel Pellny -uno de los gestores de la compra- volvió a la presidencia, se construyó el edificio central, canchas de fútbol y otras áreas para los socios. Las obras se inauguraron el 26 de febrero, días antes de las elecciones en las que Pellny iba a la reelección. Curiosamente quién la ganó fue Rafael Quirós, otro de los impulsores de Campo Mar.

27 DE FEBRERO DE 1968 – ALWAYS GOLEADO

Un huracán crema pasó por el Nacional y dejó en ruinas las estructuras del Always Ready boliviano. Daniel Flores y Víctor Lobatón, cada uno en dos ocasiones; Percy Rojas y un autogol de Staukas le dieron forma a una goleada que acomodó a la 'U' en lo más alto del Grupo 2 de la Copa Libertadores de América. Nueve goles le hizo esa crema de Chumpi, Cruzado, Chale, Angelito Uribe y Calatayud al cuadro paceño (en la ida fue 3-0). Los bolivianos terminaron su participaron copera con solo dos tantos a favor y 18 en contra.

28 DE FEBRERO DE 1989 – LEONCIO RUGIÓ ANTE RACING

A diferencia de Boca, Racing no se guardó mucho cuando le tocó venir a Lima por la Libertadores, aunque el Pato Fillol se quedó en Buenos Aires y en el arco apareció un nombre por ese entonces desconocido: Julio César Balerio. No fue una buena noche para el 'Viejo', quien abandonó la cancha prematuramente luego de protagonizar un amago de bronca con el 'Puma' Carranza. Antes vio cómo su valla era batida a los 25', cuando Suárez aprovechó un servicio largo que tomó enganchado a Gustavo Costas. Un penal tonto de Chemo del Solar provocó el empate visitante a través de Videla (43'). Un balazo de Cervera puso el segundo merengue cinco minutos más tarde. En el complemento, el equipo del Coco Basile pugnó por el empate sin suerte. La Cenicienta del grupo sumaba así cuatro puntos de cuatro ante los argentinos, al final fundamentales para clasificar a la siguiente ronda.

MARZO

1 DE MARZO DE 1986 — MERENGUE DESDE CHIQUITITO

Universitario es la casa de José Carvallo. Ahí se puso los guantes por primera vez, a los 12 años, **y soñó con no quitárselos hasta el fin de sus días. P**ero la vida está repleta de situaciones incomprensibles y José Aurelio se marchó a Cristal y Melgar, volvió en el 2013 para ser campeón y nuevamente se tuvo que ir por la ceguera de quienes manejaban el club. En el 2019 regresó a casa, maduro y mundialista, e hizo de su arco una fortaleza y de su relación con el hincha una hermosa historia de amor.

2 DE MARZO DE 1981 — DON RAFAEL

A don Rafael Quirós solo se lo recuerda con cariño. Integrante del equipo campeón de 1929, presidió el club con visión de futuro y entre mediados de los sesenta e inicios de los setenta lo convirtió en uno de los más poderosos de Sudamérica. Dejó seis títulos nacionales, un subcampeonato de América y un libro fundamental para todo hincha crema: La 'U' y su historia. Nos dejó en el 2012, a los 97 años.

3 DE MARZO DE 1979 — DOS VECES JOTA JOTA

Aquella Libertadores, iniciada con esa goleada inolvidable en Matute sobre Alianza (6-3), tuvo uno de sus picos una noche apagón en el Nacional. El humilde Universitario que dirigía don Roberto Scarone, que tenía en sus filas a Germán Leguía, Fernando Cuéllar, César Adriazola, Alejandro Luces y el 'Chivo' Ernesto Neyra, goleó al campeón de Brasil, Guaraní de Campinas. El 3-0 final no estaba en los cálculos de la visita y, seamos sinceros, de los propios hinchas cremas. Juan José Oré en dos ocasiones y un autogol de Bozó encendieron las luces en el coloso de José Díaz.

4 DE MARZO — EL BAUTIZO DE LOS CHICOS

La Copa Libertadores permitió que algunos de los muchachos que había promocionado Osvaldo Piazza en la temporada anterior, supieran lo que significaba el rigor internacional. Jorge Araujo y Mario Gómez estuvieron en el once que arrancó ante Colo Colo, el rival chileno que tenía a los Marcelos -Espina y Barticciotto- como estandartes. Leonardo Cornelio, un discreto delantero brasileño llegado al club sabe Dios por qué razón, fue la figura esa noche: primero al tomar un rebote corto con un latigazo y luego con un cabezazo certero, tras un centro desde la derecha de Paolo Maldonado.

5 DE MARZO DE 1995 — EL MAGO ILUMINÓ LA NOCHE

Volvía Sergio Markarián y por esas cosas que tiene nuestro torneo, el rival de la primera fecha era Sporting Cristal, el vigente y poderoso campeón, que contaba con un plantel repleto de estrellas dirigido por Juan Carlos Oblitas. Universitario llegaba envuelto en mil dudas, con un plantel magro por la crisis económica que padecía. El uruguayo lo tomó como un reto y, como tantas otras veces, sacó conejos de su galera. ¿La primera orden? Meter presión sobre la salida, ahogar, achicar los espacios, generar el error. La segunda: aprovechar las fallas del rival. Las cosas salieron como había programado. Wilfredo Begazo, un delantero gris de escasa recordación, alcanzó la cota mayor de su carrera esa noche: abrió la cuenta a los 9', tras un preciso servicio de Roberto Martínez. El empate de Marco Roberto no atenuó los ánimos merengues y a poco de iniciado el complemento, un error de Julio César Balerio –intentó sacar con rapidez y la bola dio en la espalda de Begazo- permitió al irrepetible Germán Carty poner el 2-1 definitivo. El 'Ciego' no lo podía creer. La magia de don Sergio se había impuesto otra vez.

6 DE MARZO DE 1983 — LA VUELTA DE QUIRÓS

Jugador del club, socio fundador cuando la Federación pasó a convertirse en Universitario de Deportes, Rafael Quirós había sido presidente durante cuatro períodos consecutivos (1963-1973). A los 73 años, decidió presentarse a las elecciones y venció, por 327 votos contra 302, a Miguel Pellny, quien iba a la reelección. Lo acompañaban, entre otros, Gino Pinasco, Javier Aspauza y Jorge Nicolini, quienes años después se convertirían en presidentes de la institución.

7 DE MARZO DE 1999 — UNA GOLEADA ENTRE BOSTEZOS

Las crónicas de la época señalan que fue un partido soporífero, de esos que dejan escasas huellas en la memoria. El rival fue el IMI de Talara, un cuadro recién ascendido, que adoptó el libreto de quien conoce de sus pobrezas: se encerró en su área e intentó liberar algún contragolpe por

las puntas. La 'U', sabedor de su superioridad, dejó pasar el tiempo, excediéndose en el toque, imaginando que los goles llegarían por mandato de la historia. Y fue más o menos así: Juan 'Pachito' Guzmán chanfleando un tiro libre, Gustavo Grondona y Juan Pajuelo aumentaron los decibeles de un encuentro futbolísticamente silencioso. Un 3-0 de sueño.

8 DE MARZO DEL 2020 — EL ÚLTIMO ANTES DE LA PANDEMIA

Las 48 mil personas que esa tarde vibraron en el Monumental no imaginaron que sería la última vez, en mucho tiempo, que verían un clásico. Que ese triunfo construido con paciencia, hechura de una volante esforzada para el quite e inteligente para el manejo, empezó a gritarlo Aldo Corzo y lo consolidó Jonathan dos Santos con un balazo disfrazado de penal. Que sería el final de una etapa y el inicio de otra inconcebible. El nuevo coronavirus dejó en pausa el aliento del hincha. La abstinencia lo llenó de ansiedad, lo convirtió en apóstol de la nostalgia canalizada en cientos de horas consumiendo youtube. Infló también su esperanza de volver a ver al protagonista de la fiesta, al dueño de su amor, su querido Universitario de Deportes.

9 DE MARZO DE 1906 — EL 'DOCTOR CHANCA'

Fundador, jugador, entrenador y presidente del club. Cuentan que Plácido Galindo nació en hogar aliancista y que se hizo crema en San Marcos, cuando con otros estudiantes fundó la Federación Universitaria de Fútbol, un 7 de agosto de 1924. Formó una formidable volante con Alberto Denegri y Eduardo Astengo, con quienes viajó a Uruguay para defender la casaquilla nacional en el primer Mundial de la historia. El 'Doctor Chanca', como lo recuerda Guillermo Thorndike en "El revés de morir", fue campeón en la cancha en 1929 y luego como entrenador en 1934. Presidente de la institución por cuatro períodos consecutivos (entre 1954 y 1963), logró los títulos de 1959 y 1960.

10 DE MARZO DE 1993 — BATALLA EN EL NACIONAL

El Cristal de los noventa fue uno de los mejores de su historia. Detrás había una inversión millonaria y un objetivo claro: convertirse en un equipo popular y triunfador. Cada encuentro era una batalla, como la que se libró esa noche en el Nacional. La crema de Brzic puso toda la carne en el asador. El Ruso Zubczuk, Marcelo Asteggiano, Juan Reynoso, Roberto Martínez, José Carranza, Balán Gonzales, Ronald Baroni los enfrentaron con filo y el cuchillo en ristre. El resultado final fue un 2-2 vibrante. Balán y Baroni marcaron por los cremas, mientras Maestri y Marquinho lo hicieron por los celestes.

11 DE MARZO DE 1938 — EL DOCTOR ALVA

Símbolo vivo del club, protagonista de los grandes momentos del fútbol peruano con la camiseta crema o la blanquirroja de la selección, el doctor Jorge Alva es un personaje indispensable en la historia de Universitario. Ser pediatra hizo que entablara una relación muy estrecha con varias generaciones de jugadores, que tras confiarle la salud de sus hijos se convirtieron en sus amigos. Artífice de la construcción del estadio Monumental, ha sido también directivo y, sobre todo, un hincha apasionado, dueño de un amor irrompible por el club.

12 DE MARZO DE 1970 — PASEO DE AMÉRICA

La vuelta con el América quiteño no distó de lo visto en la ida. Ante 25 mil espectadores, dos goles de Enrique Casaretto y uno de Héctor Bailetti apagaron los ímpetus del cuadro visitante, que dos días antes había sorprendido al vencer al Defensor Arica en el mismo escenario. El triunfo le sirvió a la 'U' para sumar 7 puntos y esperar a LDU para definir la clasificación a la siguiente ronda de la Libertadores.

13 DE MARZO DE 1996 — MATAFAVORITOS EN ACCIÓN

No era favorito Universitario. Su capitán, Roberto Martínez, no estaba más. La interna amenazaba con explosionar por los cortocircuitos entre el técnico Sergio Markarián y la dirigencia. Cristal tenía un plantel millonario, repleto de estrellas. Pero a la 'U' nunca hay que darla por vencida, menos en una Libertadores. El 'Cheta' Domínguez, previa escapada por la izquierda, provocó un penal tras una alevosa falta de Asteggiano. El 'loco' Gabriel González puso la ventaja. Y en el complemento, un cabezazo de Jean Ferrari hizo imposible cualquier esfuerzo de Carlos Marrou. Era un inicio feliz, soñado. Esperanzador.

14 DE MARZO DE 1968 — TRIUNFO SOBRE EL 'PINCHA'

Aunque había ganado su grupo con largueza, en Odriozola no imaginaron que su primer rival en la segunda fase de la Copa Libertadores, el Estudiantes de Zubeldía, no solo iba a ser campeón del torneo, sino que ganaría la Copa Intercontinental ese año. El encuentro en el Nacional fue áspero, ausente de fútbol, porque en la 'U' faltó Cruzado y la visita no se caracterizaba por las sutilezas. A los 81', Víctor 'Kilo' Lobatón superó a Poletti y el marcador no se movió. El 'Pincha' de Pachamé, Aguirre Suárez, Malbernat, Manera, Bilardo y la 'Bruja' Verón volvía derrotado a La Plata.

15 DE MARZO DE 1991 — EL CERRO DEL MAGO

Cerro Porteño amagó con no venir. La epidemia del cólera había puesto al país en emergencia y los paraguayos adujeron que no existían las condiciones sanitarias para jugar. Su reclamo fue vano. La programación del Grupo IV de la Libertadores no se movió y el equipo asunceño viajó a Lima. Esa noche los peruanos conocimos algunos nombres que poco tiempo después nos serían familiares: Sergio Markarián (técnico de la visita) y los volantes Pedro Garay y Estalisnao Struway. El encuentro estuvo lejos de ser abierto y se impuso la marca áspera y pegajosa de los visitantes.. Concluyó 1-1 con tantos de Yáñez y un autogol de Requena.

16 DE MARZO DE 1986 — NICOLINI ES DE LA FAMILIA

Gestor del Estadio Monumental, la presidencia de Jorge Nicolini marcó el fin de una época en la que los dirigentes usaban su fortuna personal para darle vida al primer equipo. El entonces dueño de la poderosa fábrica de pastas Nicolini ganó las elecciones con holgura a Miguel Pellny (577 a 440 votos), acompañado por una mixtura de socios jóvenes y veteranos entre los que destacaban Alfredo González Salazar, José Bartra, Eduardo Guinea Salazar, José Luis Brousset y Gino Pinasco.

17 DE MARZO DE 1999 — UNA BATALLA MÁS

Los restos del Cristal 97, vicecampeón de la Libertadores, se negaban a morir. Ante ellos, se antepuso una crema algo esquemática, que empezaba a sufrir las movidas internas que derivarían, meses después, en la salida de Miguel Company de la dirección técnica. Luis Guadalupe y Adrián Coria marcaron los tantos merengues esa jornada de copa. mientras Javier Ferreira y Aldo Olcese pusieron la cuota celeste. El 2-2, pese a la expulsión del 'Cuto', no se movió.

18 DE MARZO DE 1975 — TRIUNFAZO EN EL CENTENARIO

El Centenario parecía más inmenso que de costumbre. Es que apenas 15 mil personas se habían acercado esa noche para ver al Montevideo Wanderers, que cuatro días antes había vapuleado al otro peruano del grupo, el Unión Huaral, por 4-0. La 'U' era otra historia. Era el equipo de Chumpitaz, Techera, Aparicio, 'Papelito' Cáceres y tres aviones en la delantera: Oswaldo 'Cachito' Ramírez, Percy Rojas y Juan Carlos Oblitas. Los hombres de Juan Eduardo Hohberg impusieron su fútbol y vencieron 2-0 con tantos de Techera y 'Cachito'. El Centenario quedó mudo.

19 DE MARZO DE 1960 — GOLEADA SOBRE RIVER

El hincha joven no conoce a Daniel Ruiz, el 'Chino', un terrible inflarredes que jugó por Universitario entre 1955 y 1963. En un amistoso jugado ante River Plate, arbitrado por el austriaco Fritz Mayer, los cremas vencieron 4-1 con goles de Mario Minaya, Tomás Iwasaki y dos del 'Chino'. Por la visita marcó el peruano Juan Joya, un veloz delantero –'Negro el 11' lo apodarían- quien luego brillara en Peñarol de Uruguay.

20 DE MARZO DEL 2014 — A LA DERIVA

Un equipo repleto de jóvenes, refuerzos de segundo nivel, una institución en crisis y un técnico que pensaba más en irse que en quedarse. La Copa Libertadores del 2014 fue una experiencia desoladora para Universitario y el partido ante Atlético Paranaense, en Curitiba, uno de sus puntos más bajos. Sin Ángel Comizzo en el banco -se había marchado casi sin dar explicaciones ante una jugosa oferta del Morelia de México-, la crema afrontó como pudo el encuentro y cayó goleado 3-0. Un autogol del brasileño Dalton, y tantos de Felipe y Ederson formalizaron esta nueva humillación.

21 DE MARZO DE 1975 — EL ÚLTIMO GRAN EQUIPO DE LA HISTORIA

La edición XVI de la Copa Libertadores vio, sin temor a equivocarme, al último gran equipo que ha mostrado Universitario de Deportes en el exterior. Juan 'Papelito' Cáceres, Eleazar Soria, Fernando Cuéllar, Héctor Chumpitaz, Juan Manuel Toyco, Rubén Techera, Carlos Chirinos, Julio Aparicio, Enrique Rojas, Oswaldo Ramírez y Juan Carlos Oblitas integraron el once que esa noche enfrentó al Peñarol de Fernando Morena en el Centenario. Pese a que días antes había vencido a Wanderers, el Mirasol era un favorito sin discusión. A los 14', sin embargo, llegó la primera alerta: un balonazo servido por Chumpitaz hacia 'Cachito' dejó al 'Verdugo' de cara al arco carbonero. Sobre la salida de Corbo -sin que la bola tocara el piso-, Ramírez metió una volea que se metió en el arco uruguayo. Lo que vino después fue un incesante martilleo aurinegro, mientras la 'U' se defendía con apremio. En la última jugada del partido, Chirinos tocó la bola con la mano en el área y el brasileño Arpi Filho cobró penal. Frente al balón se paró el temible Morena, un ejecutor infalible. El uruguayo tiró sobre su izquierda, 'Papelito' -el arquero de

los nueve dedos- intuyó la dirección, bloqueó la pelota y se lanzó sobre la ella. La arremetida del ariete no sirvió para nada. El juez brasileño pitó por última vez casi de inmediato. El Centenario vio, en muy pocas horas, a Universitario volver a salir victorioso. Una hazaña irrepetible.

22 DE MARZO DEL 2009 – ÑOL LA PUSO DONDE QUERÍA

Venía de Grecia y era sabido que sus mejores años habían pasado ya. Pero a los 34 años, Nolberto Solano no solo llegó convertido en un volante más cerebral que intenso, sino que la técnica que le permitió hacer la diferencia en Argentina e Inglaterra seguía viva en su bendecido botín derecho. Esa tarde de clásico, a unos 35 metros del arco aliancista, Ñol se paró detrás del balón en un tiro libre y metió la pelota al punto de penal. No fue un bombazo cualquiera. El balón voló como un misil teledirigido en busca de una cabeza que le cambiara de dirección. Y la testa no fue de ningún delantero, sino de John Galliquio, quien la metió hacia abajo, juntito al palo izquierdo de Libman. El defensor marcaba así uno de los goles más importantes de su vida. Las armas de la 'U' mostraban que podía ser campeón.

23 DE MARZO DE 1994 – MATUTE, CASA CREMA

Luego de la derrota en la ida y haber conseguido solo un punto en Ecuador, no había otro resultado posible. Universitario tenía plantel de sobra para avanzar en la Copa Libertadores, así que ganar el clásico era una urgencia mayor. Hubo que esperar hasta los 40' cuando una viveza de Eugenio Dolmo Flores le permitió definir sobre la salida de Wirth. A los 24' del complemento, Jorge Amado Nunes tomó un remate débil del hondureño para fusilar al golero aliancista y dejar sentada la superioridad merengue. El descuento de Juan Carlos Kopriva solo sirvió para atenuar la humillación. Nuevamente Matute era la casa crema.

24 DE MARZO DE 1999 – COLO COLO CON LO JUSTO

Esa noche de Libertadores, en Santiago, la 'U' jugó con pecho guinda y mangas blancas. En el arco se cuadró 'Chiquito' Flores y el único de los chicos campeones de Piazza que salió a la cancha fue Mario Gómez (que se iría expulsado). El pelado argentino había partido de Odriozola y Miguel Company, su reemplazo, se la jugó con los experimentados. El local ganó con lo justo: Cristian Uribe recibió la pelota en la línea del área grande, la mató de pecho y enfiló un zurdazo bombeado que dejó sin reacción a Flores. Las posibilidades de la 'U' de pasar a segunda ronda empezaban a esfumarse.

25 DE MARZO DE 1971 – LA PARTIDA DE JOSÉ

Había defendido casi 14 años las sedas de Universitario, obtenido seis títulos (1959, 1960, 1964, 1966, 1967, 1969) y dos subtítulos (1965 y 1970). José Fernández era un jugador difícil cuando le tocaba renovar su contrato (así lo reconoce Rafael Quirós en "La 'U' y su historia"). No obstante, era imposible imaginarlo con otra camiseta en el final de su carrera. Ese 25 de marzo ocurrió lo impensable. El gran capitán del club puso su firma por el nuevo millonario del fútbol peruano: Defensor Lima, que tenía el sostén económico del empresario pesquero Luis Banchero Rossi. No fue el único crema que dejó la institución. También partieron a tienda granate Enrique Casaretto, Nicolás Fuentes y Rubén Correa. Tres años después, el sobrino de Lolo colgaría los botines.

26 DE MARZO DE 1993 — PUNTEROS EN CARACAS

Con la clasificación a la segunda ronda de la Libertadores en el bolsillo, la 'U' de Brzic afrontó la última fecha del grupo 1 con algunos suplentes. Ante Caracas, en la capital venezolana, arrancaron Carlos Marrou, Frank Palomino, Gustavo Tempone y los hermanos Torrealva. Pese a la expulsión del 'León' Martín Rodríguez, la crema salvó un empate con un gol de Tempone. Después de muchos años, Universitario acababa a la cabeza de su grupo: 9 puntos e invicto. Además, con 14 goles a favor y 7 en contra. Muy buena cosecha.

27 DE MARZO DE 1988 — CANTORO SE PUSO EL CASET

Cerca de su primer clásico, Mauro Cantoro prefirió ponerse al caset y no darle muchas vueltas al encuentro. Sus respuestas a El Comercio podrían calzar en la previa de un partido ante cualquier rival:

-¿Cómo ves al equipo frente a Alianza?
-Con muchas ganas, esperando que llegue el domingo.
-¿Qué representa jugar un clásico en el fútbol peruano?
-Muchas expectativas y ganas de hacer las cosas bien.
-¿Qué opinión tienes de Alianza?
-Es un equipo muy difícil de vencer y que crea muchas situaciones de gol.

Cauto o poco imaginativo, Cantoro hablaba mejor en la cancha. Mucho mejor.

28 DE MARZO DE 1947 — EL NOMBRE DEL GOL

Se puso la crema un año después de haberse convertido en el 'Verdugo de la Bombonera', cuando dos goles suyos le dieron a Perú su primera clasificación a un Mundial de fútbol. En México 70 casi no tuvo minutos, pero con la crema no hubo arco que no venciera. Campeón en 1971 y 1974, subcampeón de la Copa Libertadores en 1972, semifinalista del mismo torneo en 1975, Oswaldo Ramírez marcó 73 goles en 133 partidos con la camiseta merengue. De zurda o de cabeza, 'Cachito' no perdonaba. Su vida estaba hecha para el gol.

29 DE MARZO DE 1935 — UN 'MONÍN' EN LA MALETERA

Antes de debutar en el equipo principal, Víctor Salas ya era una de las figuras de los juveniles de Universitario. Su pasión por el fútbol se encontró con un pequeño problema: estudiaba y vivía en el colegio militar Leoncio Prado, así que tenía dificultades para jugar. Alfredo Castillo, técnico de los menores, encontró la solución: cada vez que Salas debía jugar, iba a buscarlo a la escuela y lo sacaba escondido en la maletera de su auto. Después lo regresaba de la misma manera. La anécdota la contó el mismo Salas al periodista Enrique Roel, autor del libro "Y dale U". Apodado 'Monín' porque a su hermano mayor, que también era futbolista, le decían 'Mono', era un lateral izquierdo muy talentoso que también alternaba en el mediocampo. Formó parte del cuadro bicampeón 1959-1960.

30 DE MARZO DE 1998 — ¿UNA 'SUPER U'?

Tras el 0-0 ante Alianza, en su primer clásico, Osvaldo Piazza dijo sentirse muy contento. "¿Cómo no voy a estarlo si lo que vimos aquí fue una 'Súper U'? En el primer tiempo estuvimos arrolladores. Ya en el segundo tiempo nos emparejaron". No desaprovechó la oportunidad para hablar de dos de sus pipiolos: Jorge Araujo ("estuvo muy bien, muy serio (...). Después le vinieron los calambres, típicos de los nervios

y el esfuerzo que había tenido") y Oswaldo Carrión ("estuvo busca, busca y busca. Hoy no se dieron las cosas, pero tiene que seguir creciendo"). El 'Pelado' se tenía fe.

31 DE MARZO DEL 2011 — DOS JOYAS DE PRIMERA

Eran las joyas del seleccionado Sub 17, que aunque eliminado en la fase inicial del Sudamericano, se había despedido goleando 3-0 a Uruguay. A poco de volver, José del Solar, técnico de Universitario, ordenó que Edison Flores y Andy Polo, de 16 años, sean promovidos al primer equipo del club. Uno era zurdo y dribleador, el otro era diestro, rápido y encarador. En muy poco tiempo, ambos serían insustituibles. Siete años después, serían mundialistas.

ABRIL

---

1 DE ABRIL DEL 2016 — GANARON LAS BOMBARDAS

El partido no se había iniciado y ya se habían hecho explosionar cuatro bombardas. El comisario Elías Varas fue terminante: una más y se suspende el clásico. Bastó que Julio Landauri marcara el empate, en el minuto 46, para que una nueva bombarda explotara y al árbitro Henry Gambetta no le quedó más que decretar la suspensión, la cual se concretó tres minutos después. Matute se quedó sin fútbol por obra de irresponsables. La 'U' había abierto la cuenta a los 9' de juego, luego de que un centro a rastrón del 'Orejas' Flores fuera interceptado por Diego Guastavino a medio metro del arco aliancista. El uruguayo, a placer, le cambió la dirección del balón. El encuentro se reanudaría días después.

---

2 DE ABRIL DE 1914 — EL PRIMER 'CHUECO'

En Chancay nació y allí también nos dejó. Carlos Tovar jugó al fútbol entre 1931 y 1943, años en los que vistió solo dos camisetas: la de Universitario y la de la selección. Lolo y su hermano Arturo, Juan Criado, Pablo Pacheco, Alberto Denegri Juan Honores, Orestes Jordán y el 'Pibe' Baldovino fueron algunos de sus compañeros en su largo y exitoso paso por el cuadro merengue. El 'Chueco' arrancó como delantero, pero con el tiempo fue retrocediendo hasta la zaga.

Fue parte del equipo olímpico que participó en Berlín 36 y del que ganó el Sudamericano de 1939. Con Universitario fue campeón en 1934, 1939 y 1941.

3 DE ABRIL DE 1976 — EL NACIMIENTO DE 'CUTO'

Fue delantero, volante y terminó como central. Jugó hasta los 40 años y poco faltó para que lo hiciera también de arquero. Luis Guadalupe nunca se caracterizó por su gran técnica. Es más, pese a su 1,93 m de estatura, no era un buen cabeceador. Sus falencias las suplió con su contextura y su fuerza. Así llegó a la selección y al Independiente de **César Luis** Menotti. En Odriozola aterrizó en 1995, fue parte del equipo bicampeón (1998-1999) y volvió en el 2003. Su permanencia en el club se interrumpió en el 2007, luego de que fuera excluido por decisión del entonces técnico de la institución, Jorge Amado Nunes. Nunca le perdonó al 'Cenizo' que lo sacara así de su casa, el lugar que siempre amó.

4 DE ABRIL DEL 2009 — EL BESO DE JOHAN

La bola vino desde la derecha. Renzo Revoredo había tomado un rebote y sin pensar mucho metió la pelota rasante al área chica. Ahí, metido como 9, Johan Vásquez la aguantó y antes de que despertaran los defensas, metió un derechazo que se coló arriba del arco celeste. La imagen del volante perseguido por sus compañeros, besando la camiseta merengue, se hace más hermosa en cada repetición en youtube. A los 15' del segundo tiempo, Universitario marcaba su superioridad sobre Sporting Cristal, la que se concretaría ese año con el título nacional.

5 DE ABRIL DE 1946 — ES SOLO UN HASTA LUEGO, JACINTO

Esa mañana, los hinchas de la 'U' se encontraron con una mala noticia. Jacinto Villalba, el joven delantero que había llegado a tienda merengue el año anterior, dejaba el club. Una atractiva propuesta del Racing de Argentina fue demasiado tentadora para el habilidoso puntero derecho, quien de esa manera iniciaría un largo periplo en canchas extranjeras. Volvió al club en 1955 para ser campeón.

6 DE ABRIL DE 1975 — LA GARRA TIENE UN SOLO COLOR

Mientras Peñarol y Wanderers no habían tenido problemas en vencer a Unión Huaral, para Universitario la tarea fue imposible. Apenas arrancó empates (1-1 y 2-2) que determinaron que llegara a la última fecha de la fase de grupos de la Libertadores en igualdad de puntos con Peñarol (8). Y, lo que es peor, con el real peligro de quedar fuera, ya que el empate clasificaba a los uruguayos por diferencia de goles. Con la consigna de ganar a cualquier costo, la ansiedad le complicó la existencia. Recién a los 10' del segundo tiempo, Fernando Cuéllar abrió la cuenta con golpe de cabeza, pero la visita emparejó y pasó adelante pronto con goles de Unánue (20') y Morena (25'). El contragolpe aurinegro resultaba letal para angustia de quienes acudieron esa noche al Nacional. Cuatro minutos más tarde, llegó la calma gracias a Juan José Oré, quien puso el 2-2. Pero la explosión, la que hizo retumbar el José Díaz como nunca, se desató a siete minutos del final, cuando el uruguayo Rubén Techera anotó el heroico 3-2. Nuevamente, la garra había dado vuelta un partido complicado y frente a un rival de alcurnia. A esa 'U' no había forma de darla por vencida.

7 DE ABRIL DE 1993 — TRIUNFO AGRIO

En la segunda fase de la Libertadores tocó en suerte Barcelona, que había clasificado tercero en un grupo que compartió con los uruguayos Nacional y Bellavista. Recibirlos en Lima no fue un paseo. El cuadro de Tony Gómez, Tenorio, Insúa, Avilés y Gavica era de temer. El 'Ratón' Silva y el 'Chucky' Torrealva pusieron los tantos de esa noche iluminada en la que el descuento de Gavica dejó un mal sabor. Era un resultado demasiado escueto, preludio de que la vida copera tenía escrita su final. La vuelta en Guayaquil lo confirmó.

8 DE ABRIL DE 1979 — HAZAÑA EN EL PACAEMBÚ

Ningún equipo peruano, ni siquiera la selección que deslumbrara en México 70, había podido vencer a un equipo brasileño en su tierra. Cualquier ciudad resultaba un reducto inexpugnable, cualquier formación era invencible. Hasta que el humilde Universitario del viejo Scarone decidió cambiar la historia. El rival era Palmeiras, que en Lima se había dado un picnic sobre Alianza (4-2) y la propia 'U' (5-2 en el Nacional) y luchaba palmo a palmo su clasificación a la siguiente etapa de la Libertadores con su compatriota Guaraní. Además, para poner más difíciles las cosas, programó el partido a las 11 a.m., a fin de que el calor hiciera clímax en el verde del Pacaembú. Marinho Peres abrió la cuenta muy temprano (a los 11'), en lo que parecía ser el aviso de una goleada espantosa. Pero a los 20', el 'Chivo' Neyra se escapó por una banda, cedió para Percy Vílchez y este marcó el empate. Diez minutos más tarde, ante la sorpresa de los 55 mil asistentes, otra vez Neyra se escapó, habilitó a Oré y 'JJ' marcó el tanto de la victoria. La segunda etapa, como es fácil imaginar, fue un ir y venir sobre sobre la valla del 'Chevo' Acasuzo. La 'U' no dejó de pelear, tanto así que el uruguayo

Juan Cardellino no cobró un penal evidente contra Oré, aunque sobre el final, tuvo la valentía de anular el 2-2, marcado por Mendonca con la mano. El humilde Universitario había añadido otra hazaña a su glorioso palmarés.

9 DE ABRIL DE 1967 — CINCO Y A SU CASA

Eran tiempos en que la 'U' rugía en Sudamérica, en que los rivales del exterior llegaban por toneladas para medir fuerzas con el equipazo que dirigía Marcos Calderón. Le tocó a Emelec y se llevó cinco. Enrique Casaretto, un 'chumpigolazo' de don Héctor, el interminable Ángel Uribe y dos tantos de Percy Rojas sellaron el 5-2 con que los ecuatorianos volvieron a casa. Menos mal que era solo un amistoso.

10 DE ABRIL DEL 2012 — NI ESTRENAR SU OFICINA PUDO

Era un día distinto para el club. Amanecía con una administradora temporal –"¿Qué es eso?", se preguntaban sus hinchas- y anuncios encaminados a darle orden a las finanzas y al manejo deportivo. Norma Polti, gerente de SGL Consulting, se llamaba la nueva cabeza del club que, a nombre de los acreedores, tenía el encargo de hacer que Universitario encontrara una fórmula que le permitiera pagar su millonaria deuda. La prensa informaba que entre los planes de Polti se encontraba poner a la venta los pases de los campeones de la Copa Libertadores Sub 20, Andy Polo, Edison Flores y Álvaro Ampuero, por los que esperaba recibir unos 4 millones de dólares. Los sueños de Polti quedaron en eso. Al descubrirse que no cumplía con los requisitos legales para el encargo, Indecopi -el ente que la había designado- dejó sin efecto su decisión y nombró a la empresa Right Business en su reemplazo.

11 DE ABRIL DE 1999 — TRIUNFO CERQUITA AL CIELO

Las locuras propias del campeonato peruano hicieron de Huaraz, en el corazón del Callejón de Huaylas, sede del costeño Deportivo Municipal. "Juego donde la directiva mande", decía Ramón Quiroga, entonces técnico de los extenuados futbolistas ediles, que a sus precariedades acostumbradas debieron sumar los 3,052 metros de altura de la ciudad ancashina. Allí subió la crema y planteó un partido de poder a poder sobre el césped sobreviviente del estadio Rosas Pampa. Leonardo Cornelio, César Casas y Paolo Maldonado (penal) señalaron el 3-2 final, que pudo ser empate si es que un envenenado disparo de Alfredo Carmona en el minuto final hubiese tenido mejor dirección.

12 DE ABRIL DE 1942 — CAMPEONES SOBRE ALIANZA OTRA VEZ

Orestes Jordán, Alfredo Biffi, Carlos Ganoza, Félix Sayers, Augusto Villavicencio y, por supuesto, el gran Lolo Fernández, eran parte del equipo merengue que se consagró campeón de 1941 bajo el comando del mítico Arturo Fernández. El torneo disputado por ocho equipos le permitió a los cremas obtener su cuarta estrella tras vencer en el último partido a Alianza Lima por 3-1. Los goles fueron de Mario Pacheco (2) y Martínez. Universitario culminó la competencia con 34 unidades, una más que Deportivo Municipal y tres por encima del elenco blanquiazul.

13 DE ABRIL DEL 2016 — RUIDÍAZ ACABÓ CON LA SUSPENSIÓN

Dos semanas atrás, el clásico se había suspendido luego de que hinchas aliancistas hicieran explotar unas bombardas en las tribunas, pese a las advertencias del comisario del encuentro. Matute volvió a abrir sus puertas, pero solo a ambos planteles para que se jugaran los 44 minutos restantes. Lo que se vio fue un partido extraño, no solo por la ausencia de hinchas, sino por su escasa vibración. La monotonía se rompió a dos minutos del final cuando Raúl Ruidíaz recibió un pase en cortada de Hernán Rengifo y con un remate cruzado venció a George Forsyth. El triunfo colocó a los merengues en la punta del Apertura con 20 unidades.

14 DE ABRIL DE 1972 — VÍLCHEZ HUMILLA A MANGA

Llegar a la final de la Copa Libertadores de ese año no resultó un paseo. En semifinales, Universitario tuvo que enfrentar a dos duros escollos uruguayos: Peñarol y Nacional. Al 'Bolso' lo venció 3-0 en Lima, goleada muy recordada no solo por la categoría del rival (era el campeón vigente de la Libertadores y de la Copa Intercontinental), sino por la forma en que se cerró el encuentro con un protagonista inesperado. Percy Vílchez era un delantero gris, atascado en la categoría 'promesa', quien nunca alcanzó las alturas de sus compañeros (Oswaldo 'Cachito' Ramírez, Juan Carlos Oblitas, Víctor Calatayud, Juan José Muñante, Héctor Bailetti). Pudo jugar porque las principales figuras cremas andaban de gira con la selección y ante la emergencia, Roberto Scarone decidió abrirle las puertas. Aquel partido fue el mejor de su vida. Abrió la cuenta a los 77' (el segundo lo marcaría 'Cachito' a los 81'), pero lo mejor llegó al final. Era el minuto 90 y Vílchez quedó solo frente a Manga, mundialista brasileño en Inglaterra 66. Percy lo llevó para un lado y para otro. "Lo hizo arar", siguen repitiendo quienes estuvieron en el José Díaz, escucharon a Pocho en "Ovación" o leyeron las crónicas en "El Comercio" o "La Prensa". El golero de Nacional quedó como un niño indefenso frente a la inesperada habilidad del delantero merengue. Nunca jugó un partido mejor.

15 DE ABRIL DEL 2017 — EL ZAPATAZO DE FIGUERA

Torneo de Verano. Debut de Pedro Troglio en el banco, una incógnita a pesar de sus antecedentes en Gimnasia, Independiente y Cerro Porteño. El Monumental reventaba como tantas otras noches, a la espera de una actuación consagratoria frente al clásico rival. Y así sucedió. Antes de los 5' del inicio, el venezolano Arquímedes Figuera recibió una pelota de Romero y empezó a avanzar sin resistencia. Vio a Butrón algo adelantado y, desde unos 35 metros, enfiló un disparo fuerte y bombeado, con el empeine, que abrió la cuenta. Seguidamente, Gómez cambió un penal por gol luego de una falta del arquero aliancista sobre Benincasa y en el complemento, Quintero robó una pelota en su campo y se fue en carrera hacia el arco aliancista para marcar a placer sobre Butrón. Era una 'U' distinta, hambrienta para recuperar el balón e intensa para atacar, sin demasiada elaboración. Parecía que iba a ser una temporada feliz.

16 DE ABRIL DE 1996 — MAGIA EN EL CENTENARIO

La sobrevivencia del club en la Copa Libertadores pendía de un hilo. El uruguayo Sergio Markarián había renunciado por desavenencias con la dirigencia y el plantel viajó a Montevideo con Víctor 'Pichicho' Benavides, el carismático asistente del charrúa, como el técnico al mando. Tras caer 0-2 con Defensor, se temía una decepción mayor ante Peñarol, en el Centenario. Mágicamente, ocurrió lo inesperado: Óscar Ibáñez tuvo una actuación descomunal bajo los tres palos, la defensa construyó una muralla y los de arriba no dejaron de mirar el arco rival. La crema venció 2-1 al equipo que tenía a Pablo Bengoechea como gobernante de su mediocampo. Carlos 'Mágico' Gonzales y Eddy Carazas marcaron los tantos esa noche que aún hace temblar de emoción a quien la recuerda. El triunfo no alcanzaría para clasificar, luego de que Defensor y Sporting Cristal empataran 0-0, resultado que, según revelaría después el periodista Daniel Peredo, habría sido acordado por ambos clubes para avanzar a la siguiente ronda.

17 DE ABRIL DE 1952 — EL BUEN 'PANADERO'

Recio es la palabra que define a Rubén Toribio Díaz, el recordado 'Panadero', quien tuvo un breve paso por la crema (1974-1977), suficiente para dejar las huellas de su furioso chimpún zurdo. Su puesto era de lateral, pero con los años se afirmó en la zaga central, puesto en el que llegó a ser capitán de la selección en el Mundial de España 82. Díaz llegó a la 'U' a los 22 años, fue campeón en el 74 y semifinalista de la Copa Libertadores en 1975.

18 DE ABRIL DE 1970 — EL PERÚ ES LA 'U'

¿Perico León con la camiseta de Universitario? ¿Baylón también? Faltaban pocas semanas para el Mundial de México 70 y dos pilares del equipo de Didí, Ramón Mifflin y Nicolás Fuentes, arrastraban una larga suspensión por participar en una gresca durante un partido jugado contra Bolivia, en La Paz, por las eliminatorias. Como el brasileño necesitaba que el plantel estuviera a punto, desde la dirigencia decidieron sacarle la vuelta a la FIFA: organizaron una serie de partidos de preparación que la selección jugaría con las camisetas de Universitario, Alianza y Cristal. Ese 18 de abril, la 'rojimerengue' recibió a Uruguay y le ganó 4-2 en el Nacional con dos tantos de Eladio Reyes (quien reemplazó al lesionado Teófilo Cubillas), Alberto Gallardo y Pedro Pablo León. La 'selección crema' tuvo en sus filas a Lucho Rubiños; Eloy

Campos, Orlando de la Torre, Héctor Chumpitaz y Nicolás Fuentes; Ramón Mifflin, Roberto Chale y Eladio Reyes; Julio Baylón, Perico León y Alberto Gallardo. El 'Cholo' Sotil ingresó en el segundo tiempo.

19 DE ABRIL DE 1961 — EL PEOR DE LOS ESTRENOS

Joya, Spencer, Sasía, Matosas... la cuesta se hizo muy alta para Universitario en su debut en la Copa de Campeones de América, luego conocida como Copa Libertadores. En Montevideo, el bicampeón peruano vio pasar una avalancha aurinegra y nunca se repuso. Ante más de 57 mil espectadores, el campeón uruguayo se impuso 5-0 con goles de Joya (2), Spencer (2) y Sasía. En ese momento, a nadie le pasó por la cabeza que el técnico de la visita, Roberto Scarone, años después pondría pie en Odriozola y se convertiría en el uruguayo más querido de la historia del club.

20 DE ABRIL DE 1994 — CENIZO BENDITO

Aún en los partidos menos complicados, el hincha sufre, suda, siente que el corazón le explota. Esa noche fue peor. El DIM era un equipo cuajado, de acero, y aunque el martilleo crema fue insistente, el cero no se movió durante el primer tiempo. En el complemento, Jorge Amado Nunes se inventó una media vuelta en el área y fue derribado. Él mismo transformó el penal en gol con un zurdazo. La 'U' persistió. En una segunda ronda de Libertadores el 1-0 sabe a nada. Ahí nomás, Gómez se le escapó a Bravito, llegó casi a la línea y en lugar de centrar, buscó el primer palo de Zubczuk y el querido 'Ruso' falló. El empate no bajó los decibeles de la tribuna y los 22 en la cancha sintieron la presión. Un córner de Martínez provocó seis cabezazos en el área colombiana. El último fue del 'Viejo'. Metió la frente hacia arriba, con blanco en el ángulo izquierdo del arco de Barbat quien, absorto, solo la vio entrar. En el último minuto, el 'Ruso' salvó el empate colombiano. El triunfo se festejó sin el entusiasmo al máximo. Sabía a poco. Iba a ser insuficiente.

21 DE ABRIL DE 1991 — EL INCENDIO DEL BUS

El Lolo hervía. Llegaba Sporting Cristal, que había armado un equipo para ser campeón gracias a la generosa billetera de la compañía Backus, su entonces propietaria. Sobró dinero para robarse al capitán crema, Leo Rojas; repatriar a Franco Navarro y tener al goleador argentino-boliviano Horacio Baldessari. Esa tarde visitaba a una 'U' malgeniada. La dirigencia había pugnado por postergar el partido a fin de llegar descansado al choque con Colo Colo, a jugarse pocos días después, vital para tentar el pase a la tercera etapa de la Copa Libertadores. La presencia de un histórico merengue en el banco cervecero, Juan Carlos Oblitas, le daba más vida al morbo. Con el ambiente cargado, el partido no empezó a la hora. Disturbios en las tribunas y un proyectil que dio en el golero celeste Carlos Castagneto enturbiaron la tarde. Las fricciones siguieron en el campo de juego. La 'U', algo parchada, logró ponerse en ventaja a través de Ernesto 'Pinocho' Vargas, un veterano delantero venido del Uruguay. La visita le dio vuelta con un doblete de Baldessari. Las tribunas de madera del viejo estadio crujían. Cuando la visita se marchaba en un bus rumbo a su concentración, una bomba molotov explosionó en el vehículo. El plantel celeste apenas pudo librarse de ser protagonista de una segura tragedia. El rumor extendido fue que detrás de la mano asesina de un barrista hubo una orden desde la dirigencia crema. Nunca pudo probarse.

22 DE ABRIL DE 1987 — EL INICIO DEL BUEN AMOR

Una firma y una sonrisota, esas que recuerdas siempre y las vuelves a ensayar a solas con tus nietos. Roberto Martínez volvía a casa, al lugar donde se formó, ahora convertido en profesional. Había ganado el Descentralizado con San Agustín en dos vibrantes finales ante Alianza y era momento de reencontrarse con sus antiguas querencias. No sabía que la hinchada lo iba a convertir en uno de sus predilectos. Que lo llamarían 'Robert' o 'Capi'. Que su juego elegante, su magia para el servicio y su mirada de chico travieso iba a meterlo en el corazón de una generación ansiosa de ídolos. Autor del gol más gritado por las gargantas noventeras (ante Alianza, el 27 de diciembre de 1995), ese día estampó su firma para unirse al club de sus amores por dos temporadas. Sería para toda la vida.

23 DE ABRIL DEL 2019 — EL 'JET' APAGÓ EL MOTOR

La última vez que se escuchó la voz de Juan José Muñante en una radio peruana fue para defender su honor. José Velásquez había acusado a varios jugadores de venderse ante Argentina, la oprobiosa noche de Rosario, en el Mundial del 78, y había mencionado al 'Jet' entre los traidores. "Está delirando. No sé si está ingiriendo algo por la boca o por la nariz. Yo pongo las manos a la candela porque nadie hizo nada doloso", dijo en Radio Capital quien fuera uno de los mejores delanteros que pasara por Odriozola. La 'Cobra', como le decían en México, donde lo idolatraban, llevaba años batallando contra el cáncer. Su cuerpo se cansó.

24 DE ABRIL DE 1991 — BALÁN SIN VAR

"Por historia pensábamos que por enfrentar a Perú estábamos asegurados". Colo Colo le había arrancado un empate a Universitario en la ida y, como confesaba Patricio Yáñez años después, pensaban que la vuelta en Santiago la ganarían con los ojos cerrados. No fue así. Rubén Espinoza, sobre el final del primer tiempo, abrió la cuenta con un tiro libre que se metió en la escuadra derecha del arco de Marrou. El 'Cholo' había tenido que pararse bajo los tres palos, luego de que Juan Carlos Zubczuk se luxara el hombro segundos después de un arriesgado achique. En el complemento, Andrés 'Balán' Gonzales se escapó de la persecución de Margas para anidar una pelota que había dejado picando Morón. El empate enfrió a la tribuna. Los chilenos volvieron a ponerse en ventaja con un penal convertido por Espinoza. En el minuto final, ocurrió lo imaginable. 'Balán' tomó un centró en el corazón del área y metió un cabezazo hacía abajo, fuerte, que Margas detuvo... ¿pero dónde? ¿En la línea? ¿Dentro del arco? Era el gol que le daba la clasificación a la 'U', el gol que hubiera interrumpido el camino del equipo de Mirko Jozic al título de la Copa Libertadores. Faltaban más de 25 años para que se implementara el VAR, así que el argentino Juan Carlos Loustau no se hizo problemas. Imperturbable optó por el siga, siga. El 2-1 se quedó congelado.

25 DE ABRIL DE 1993 — LA LÁPIDA DE BRZIC

Pasar del cielo al infierno, sin escalas, es una historia común en el fútbol. Iván Brzic, que había sido vivado solo unos meses atrás en el Lolo, tras la obtención del campeonato nacional, era mirado con desdén. Arequipa fue testigo del final de la primera etapa del serbio con la crema. Una derrota ante Melgar (2-1, el descuento fue de Tomás Silva) le puso la lápida.

26 DE ABRIL DE 1931 — 'LA LORA' HABLA CON LOS CHIMPUNES

René Gutiérrez nació en Lima. 'La Lora' es de los privilegiados que jugó al lado de Lolo Fernández, Alberto Terry y fue parte del glorioso plantel bicampeón 1959-60 con Dimas Zegarra, José Fernández, Jacinto Villalba y Lucho Cruzado. El recordado periodista 'Pocho' Rospigliosi, en una crónica publicada en "Ovación" sobre la despedida de Lolo, rememoraba el primer gol del 'Cañonero': "Lleva la pelota la 'Lora' Gutiérrez. Va en diagonal en los tres cuartos de cancha; no lo marcan, sigue avanzando. ¿Qué hará la 'Lora'? ¿Pasar a Terry o seguirse metiendo? Ocurre que Guillermo Delgado el gran exzaguero y capitán de Alianza Lima, cree que la pelota va donde Terry, se recuesta al sector izquierdo. 'Lolo' ve eso y llega a media carrera hasta el borde del área. La 'Lora', vivo, hábil, gran dominador de pelota -estoy viendo no teclas en la máquina sino el pase de Gutiérrez a 'Lolo'- le pasa la pelota a 'Lolo', adelantadita, servidita como decía la propia 'Lora' y viene 'Lolo' de atrás, redecilla negra el viejo y saca el shot fuerte, cruzado y "hasta verte vida mía", le hace el primero al 'Cholo' Paredes". Así era 'La Lora', vivo. Vivísimo.

27 DE ABRIL DE 1994 — 'MIGUELÓN' PERSEGUIDO EN MEDELLÍN

Soy de los que creen que esa 'U' estaba para llegar más alto en la Libertadores. Reynoso, Asteggiano, Rodríguez, Carranza, Martínez y Nunes eran la columna vertebral del equipo de Markarián que se quedó en octavos de final al ser eliminado por el DIM. En el partido de ida, en Lima, la crema había vencido 2-1, un resultado exiguo del que Zubczuk cargó con las culpas. Para la vuelta, en Medellín, el 'Mago' se decidió por Miguel Miranda para custodiar el arco, en una decisión que aún sigue siendo cuestionada. Fue un partido caliente, en la cancha y en las tribunas, muy controversial, que se puso cuesta arriba por varias razones: Martínez y Dulanto fueron expulsados, un hincha local se metió al campo y apuntó a 'Miguelón' con algo en la mano que se creyó era una pistola. Como colofón, el árbitro no sancionó un tanto legítimo del hondureño Obando que hubiera significado ir a los penales. El 2-0 marcó una de las eliminaciones más dolorosas que se recuerde. Descargó, además, los líos internos que los resultados deportivos habían disfrazado.

28 DE ABRIL DE 1996 — ÓSCAR ES DE ALTURA

A 3,399 metros sobre el nivel del mar, Óscar Ibáñez estuvo a la altura. Se jugaba la cuarta fecha del Descentralizado y Universitario enfrentaba a Cienciano. Ese día, el nacido en Sáenz Peña, Argentina, defendió por primera vez la valla merengue en el campeonato nacional y la convirtió en una fortaleza. Lo que pocos saben es que Ibáñez, cuando vino al Perú, en 1993, tenía como destino ser blanquiazul. Pero en Matute encontró que el puesto lo tenía el ecuatoriano Jacinto Espinoza, así que se marchó a Trujillo donde jugó un par de temporadas por el Mannucci. Luego pasó a Municipal y sus buenas actuaciones le permitieron dar el salto a Odriozola. Allí su vida cambiaría para siempre.

29 DE ABRIL DE 1994 — FIN DE LA PRIMERA ERA MARKARIÁN

Ya había intentado renunciar en febrero; esta vez fue en serio. Tras la eliminación de Universitario de la Copa Libertadores, en el controversial encuentro jugado en Medellín ante el DIM, Sergio Markarián anunció su partida de Odriozola. "Estoy muerto interiormente, no tengo ánimos porque yo tuve una gran ilusión de poner a mi equipo en la final", regis-

tró "El Comercio". No solo se fue el 'Mago'. De ese equipazo quedó poco. Todo se desarmó.

---

30 DE ABRIL DE 1990 – ÁRBITRO Y ENTRENADOR

Poco conocido por las nuevas generaciones, Julio Borelli es parte de la historia de Universitario por muchas razones. Uruguayo de nacimiento, arbitró el primer enfrentamiento con Alianza Lima -el 'clásico de los bastonazos' en 1928- y tras dirigir a la selección al año siguiente, se encargó de entrenar a la entonces Federación Universitaria de Fútbol en 1931. Falleció un 30 de abril a los 86 años.

MAYO

1 DE MAYO DEL 2016 — DE CHALACA EN LA HISTORIA

Ir al estadio. Gozar. Abrazarse. Soñar. El rival era Cristal, el millonario, el poderoso. Al frente, un equipo de traviesos que tocaban, corrían y gambeteaban. Aun así, el partido era duro, muy trabado. El giro llegó cuando Miguel Trauco peleó una pelota por izquierda, anticipó y sacó un centro curvado, de esos que matan porque aterrizan en el área chica y los centrales no tienen espacio para despejar. Edison Flores se empinó más allá de sus escasos 170 centímetros y metió un cabezazo imperfecto, hacia abajo, que un zaguero despejó como pudo. La recogió el 'Orejas' y metió la derecha que Penny, sabe Dios cómo, devolvió estirándose hasta el infinito. La bola se elevó y el jovencísimo capitán crema, con el arco a sus espaldas, metió una chalaca de izquierda. Fue un latigazo corto. Acrobático. Rapidísimo. Una preciosura letal improvisada por el Orejón más famoso de la historia merengue. Pero ese gol, marcado a los 6' del segundo tiempo, el único de esa tarde en el Nacional, fue también un homenaje. Un homenaje a ese Universitario de pericoteros endiablados, toque y velocidad pura, que en esas 13 fechas del Apertura entregaron el fútbol más electrizante y hermoso que se haya visto con camiseta crema en los últimos tres lustros. El hincha los veía y reía. Y soñaba.

2 DE MAYO DE 1963 — EL 'PATO' NO SE ADAPTÓ.

Nació en Lima, pero el Callao lo adoptó. El Boys del 84 le debe mucho, muchísimo, a Juan Cabanillas. Volante de lujo, técnico, creativo. A los 21 años, el 'Pato' era el mejor jugador del fútbol peruano. La 'U', en ese entonces una institución poderosa, lo jaló para jugar la Copa Libertadores de 1986. Los bolivianos -repetían la prensa, los hinchas- eran pan comido. El fracaso fue estrepitoso. Bolivar y Wilstermann vencieron a la crema 4-0 en sus casas y Cabanillas, el chiquillo talentoso llamado a darle fútbol a ese equipo de veteranos, no se adaptó. Ese mismo año se fue al Independiente de Medellín.

3 DE MAYO DE 1967 — DURÍSIMO, CRUZEIRO

Antes de ganarle a River y Racing en Buenos Aires, Universitario tuvo que lidiar con Cruzeiro en la fase de grupos. En Belo Horizonte, los brasileños estuvieron intratables (ganaron 4-1); en Lima, hubo espacio para jugar de tú a tú. Ante 30 mil espectadores, y con Carlos Burella en el pórtico, la 'U' arrancó un vibrante 2-2. Lobatón y Chumpitaz marcaron los tantos del local; Ze Carlos y Evaldo festejaron para la visita.

4 DE MAYO DE 1975 — UN CERO ESPERANZADOR

El fixture era bravo: dos partidos en fila de visita, pero la ventaja era que se definía en Lima. Las semifinales de la Copa Libertadores parecían servidas para el cuadro de Juan Eduardo Hohberg. Y el debut en la altura de Quito, ante LDU, no estuvo nada mal: 0-0 con 'Papelito' Cáceres convertido en un portento, sostenido por Chumpi, Cuéllar, Techera, Peralta, Cachito y el 'Ciego' Oblitas. El punto abría las puertas de algo grande. Había espacio para soñar.

5 DE MAYO DE 1931 — EL 'TORO' ARMA EL EQUIPO

En los tiempos aurorales del balompié, el papel de los entrenadores se circunscribía a la preparación física. La formación del once y el orden de juego eran asuntos entregados a la voluntad de los jugadores. El carácter negativo de esa práctica -acicate para los compadrazgos o, en términos más criollos, las 'argollas'- fue entendido por la directiva estudiantil y se buscó nombrar un entrenador. Aunque parezca increíble, un sector de los directores se opuso y se generó una gran discusión que fue zanjada muy a la peruana: se formó una comisión para decidir qué hacer. En el interín, Eduardo 'Toro' Astengo, un fornido centrocampista, fundador de la federación, fue designado para tomar las riendas del plantel.

6 DE MAYO DEL 2007 — ASÍ ERA, DONNY

El gol de Darío Caballero pocos lo recuerdan (un cabezazo en la puerta del arco), tampoco el empate del 'Cholito' Sotil que tanto supo a traición. El que permanece en la retina es el de Donny Neyra, arrastrándose, levantando la punta del botín para que la pelota gane velocidad, cuando el reloj del árbitro marcaba los últimos segundos y pensábamos que esa tarde volveríamos a casa con un empate más. Pero ahí estaba Galliquio para cuerpear en el medio, avanzar como un tanque por cancha aliancista y meter el pase en cortada al ver el hueco con Donny empezando a picar. El 'Cenizo' Nunes, ahora convertido en entrenador, volteó a la tribuna a gritarlo con furia, como cuando gobernaba la cancha con

fútbol y pasión. El golazo se celebró por varios días, la victoria, otra vez en Matute, la recordamos siempre.

7 DE MAYO DEL 2003 — ARTIGAS, UNA LUCECITA

Sin un sol en la tesorería, la directiva armó un plantel barato, de bajo perfil, que tuvo en el uruguayo Jorge Artigas una tenue luz. Llegó a inicios de año en un pack charrúa que incluía al técnico Ricardo 'Tato' Ortiz, los defensas Fabián Pumar y Bruno Piano, y el delantero Álvaro Pintos. Flaco como un papel, Artigas regaló un puñado de goles, uno de ellos anotado ese 7 de mayo en el 2-1 sobre Unión Huaral, con golpe de cabeza. En junio, se marchó a Colombia en busca de un mejor porvenir, dejando a la 'U' navegando en la mediocridad. Esa temporada, la crema acabó novena en el acumulado, a 39 puntos del campeón Alianza que sumó 80 unidades.

8 DE MAYO DE 1994 — EL ARQUERO ROBERTO MARTÍNEZ

Antes de ganar la Copa Sudamericana con Cienciano, Freddy Ternero se alimentaba de conocimientos en el banco de la 'U'. Formó parte del comando técnico de Sergio Markarián y cuando este renunció, tomó el testimonio temporalmente. En ese interín, le tocó ir al lugar más temido para los futbolistas: Cerro de Pasco, una ciudad andina arrimada por una mina a tajo abierto, situada a 4,380 metros sobre el nivel del mar. Universitario, a pesar de la crisis interna que afrontaba, se acordó de su grandeza y superó a los cerreños por un ajustado 3-2. Lo que hizo de este partido un recuerdo imborrable fue que a 15 minutos del final, la crema se quedó sin arquero y Roberto Martínez tuvo que cuadrarse bajo los tres palos. El 'Capi' aguantó como pudo y le dio aire a la 'U' para llevarse a casa un triunfo invalorable.

9 DE MAYO DE 1998 — CERVEZA VOLTEADA

Universitario había vencido 2-1 a Sporting Cristal con goles de Roberto Farfán y Osvaldo Piazza estaba exultante: "La 'U' lastimó en el momento que tenía que lastimar. El equipo reaccionó bien con el marcador en contra, no se desesperó". Tampoco faltó quién reconociera un error cuando el partido agonizaba: "La última jugada de peligro de Cristal creí que era gol. Se me pasó el balón. Felizmente no entró al arco". ¿El autor? El inefable Luis 'Cuto' Guadalupe.

10 DE MAYO DE 1971 — EL 'CABEZÓN' EN CÁMARA LENTA

Formado en Odriozola. Apareció en la temporada 90, flaco y ligerito, alternando en la delantera con Andrés Gonzales y el petiso Oswaldo Araujo. Alfredo Carmona era hábil y tenía olfato goleador. Pasta le sobraba. Marcó un angustioso gol en el clásico del 8 de octubre que, pese al tiempo transcurrido, se mantiene vivo en la retina del hincha: iban 8' de iniciado el encuentro, el 'Cabezón' recibió una pelota adelantada y entre el golero Maurinho Mendoza y el cruce atolondrado de dos defensores, se barrió como pudo para meter la puntita del botín. La bola recorrió el camino hacia el arco en un desesperante slow motion. El gol de Carmona y el penal tapado por Zubczuk fueron lo mejor de ese clásico ganado 2-1. Parecía que el planeta crema se le abría a Alfredo, pero no fue así. Tapado por 'Balán' Gonzales, Juan Carlos Letelier, Tomás Silva y Ronald Baroni, solo se quedó en el club hasta 1992.

11 DE MAYO DE 1939 — EL GATO FÉLIX

En Universitario hay dos gatos famosos: Fernando Cuéllar y Félix Salinas. Nacido en Lima, Salinas llegó a la crema a mediados de los sesenta desde el Centro Iqueño, uno de los 'semilleros' del fútbol peruano. El 'Gato' distaba de ser un crack, lo suyo era asegurar su banda, guerrear como buen crema y suplir a Nicolás Fuentes con eficiencia. Ganó cuatro campeonatos (1967-1967-1969 y 1971), se fue a México y volvió en la temporada 1978, en la que se encontró en la zaga central con Cuéllar, el otro felino.

12 DE MAYO DE 1977 — NO LA VIERON

En "La U y su historia", Rafael Quirós recoge las informaciones que publicaba la prensa sobre un tema capital para el hincha: el regreso de Héctor Chumpitaz y Juan Carlos Oblitas, figuras que habían sido transferidas al exterior dos años atrás. "Ultima Hora" señalaba que la 'U' "pagaría mañana" al Veracruz una deuda por Oblitas, requisito indispensable para su vuelta. Las declaraciones nebulosas se multiplicaban, insuflando una vana esperanza en el hincha. Nada era cierto. La tesorería crema andaba vacía y el valor de ambos cracks era estratosférico. Los dos recalaron en Cristal. El 'Ciego' volvería a la 'U' recién en 1985.

13 DE MAYO DE 1986 — LA PRIMERA VEZ DEL 'PUMA'

Sus piernas parecían dos zacuaras a punto de quebrarse. Estaba lejos de tener la presencia física y achorada que alcanzó en sus mejores momentos. El joven José Luis Carranza Vivanco era una apuesta del 'Chueco' Marcos Calderón y no desentonó. El día que Universitario sufrió una de sus derrotas más penosas en Copa Libertadores (0-4 ante Bolívar, en La Paz), el Puma hizo su debut internacional. Se mostró encarador y sin miedo, al punto que un comentarista de televisión se preguntaba por qué el club había gastado un dineral en la contratación de Juan 'Pato' Cabanillas, el mejor jugador de la temporada anterior, si en casa tenía a un volante de enorme categoría. Ni él ni nadie imaginarían que poco tiempo después, ese flaco corajudo y peleón, que parecía a punto de desmembrarse, haría de su nombre un emblema de la institución.

14 DE MAYO DE 1961 — EL PRIMER GOL EN LA LIBERTADORES

Menos de diez mil personas fueron al Nacional esa tarde. La 'U' había caído en Montevideo 5-0 en su debut en la Copa Libertadores y no había razones para pensar en una remontada por el poderío mostrado por Peñarol, que con Roberto Scarone en el banco, tenía en su delantera a jugadorazos en plena construcción de su leyenda: el ecuatoriano Alberto Spencer y el peruano Juan Joya. Los aurinegros no disimularon su poderío y solo las manos de Dimas Zegarra impedían que lo transformara en goles. La sorpresa llegó a los 30' del segundo tiempo, cuando Ángel Uribe apareció fulgurante y de fuerte remate superó al golero Luis Maidana. La respuesta de Peñarol fue inmediata, pero ahí nomás la crema sorprendió con un contragolpe y nuevamente Angelito marcó en la valla visitante. Aunque no sirvió para clasificar, la 'U' se dio el gusto de obtener su primer triunfo en la historia de la Copa ante el campeón vigente que esa temporada repetiría el plato.

15 DE MAYO DE 1985 — MARCOS ERA LA DIFERENCIA

La 'U' le había sacado al Boys campeón su bien más preciado: su entrenador. Marcos Calderón, conocedor de todas las fortalezas y debilidades del club rosado, se sentó en el banco merengue para dirigirlo en el debut de la Libertadores. Ramón Quiroga, Freddy Ternero, Martín Duffó, el 'Diablo' Jaime Drago y Eduardo Rey Muñoz eran los puntales esa noche, ante la ausencia de los seleccionados Leo Rojas, Samuel Eugenio, Hugo Gastulo, Luis Reyna, Javier Chirinos y Juan Carlos Oblitas. Fue un 2-0 pálido a favor de los cremas, con anotaciones de Claudio Pedraglio y Rey Muñoz. Sirvió para sumar.

16 DE MAYO DE 1965 — UN FLOJO DEBUT

Dimas Zegarra, José y Jorge Fernández, Nicolás Fuentes, Humberto Arguedas, Luis Cruzado, Víctor Calatayud, Luis Zavala, Alejandro 'Pelé' Guzmán, Tomás Iwasaki, Enrique Rodríguez y Ángel Uribe fueron los merengues considerados por el técnico Marcos Calderón para las eliminatorias que jugaría la selección para el Mundial de Inglaterra. El debut ante Venezuela, en Lima, no fue auspicioso. Un pobre 1-0, conseguido a través de un penal marcado por Víctor 'Pitín' Zegarra, generó más dudas que felicidad. Esa tarde, la 'U' contribuyó con José Fernández, Zavala y Calatayud.

17 DE MAYO DE 1992 — LA JUGADA DEL RATÓN

El gol fue de Roberto Martínez: un disparo a rastrón, junto al palo derecho, con la potencia necesaria para no arruinar su belleza. Pero el jugadón fue del Ratón Silva: recibió la pelota por la banda, pegado a la raya, y le metió el piecito abajo, de espaldas a su marcador, para que la bola lo sobrara. Cuando este intentó descifrar qué diablos había pasado, el uruguayo ya corría detrás suyo, con la bola dominada, camino a meter el centro que derivaría en el gol del Capi, el único con que esa tarde Universitario venció a Alianza Lima en el Nacional.

---

18 DE MAYO DE 1986 — CABALLERO VALE POR 3

Lo contrataron para hacer goles y no dejó factura sin pagar. Primero cayéndose luego de un jalón, metiendo el pie con lo justo para vencer al arquero; luego con un cabezazo preciso tras un centro de Rey Muñoz y, finalmente, con un zapatazo sorpresivo cuando pisaba la media luna. La altura cajamarquina no le restó aire, ni pólvora, a Juan Caballero. Universitario superó 3-1 al UTC y sumó dos puntos valiosos en la Copa Libertadores de América.

---

19 DE MAYO DE 1943 — EL DUEÑO DE LA BANDA

Pedro Gonzales fue parte de la historia grande de los sesentas, jornadas hazañosas en las que Universitario plantaba cara en cualquier ciudad y ante el rival que fuere. Prolijo lateral derecho, dueño de movimientos inteligentes, estuvo en Odriozola durante 7 años y se consagró campeón en 1964, 1966, 1967 y 1969. Además, se convirtió en pieza vital del andamiaje de Didí en las eliminatorias de 1969 y el Mundial de México 70.

20 DE MAYO DE 1913 — EN HUALCARÁ NACIÓ DIOS

El primer grito de Lolo fue en Hualcará, una hacienda pródiga en azúcar y algodón, situada en San Vicente de Cañete, a 144 kilómetros al sur de Lima. Guillermo Billinghurst no cumplía un año en el poder cuando nació el sexto hijo de don Tomás Fernández Cisneros y doña Raymunda Meyzán Romero, los felices padres de su más famoso retoño. "Las personas nacidas en este día tienen una voluntad indomable (...) son excelentes en todo lo que emprenden", decía el "oráculo de los faraones", un viejo libro que le leyó una vecina a doña Raymunda, al nacer su nuevo heredero. Para el periodista Guillermo Cortez Núñez, uno de los biógrafos del 'Cañonero', dicho texto resultó una premonición. En la parroquia de San Vicente lo bautizaron como Teodoro Oswaldo, pero al chiquillo que jugaba al fútbol en un pampón cerca a su casa, lo empezaron a llamar Lolo. Así empezó su historia.

21 DE MAYO DE 1994 — EL NOCÁUT DE NUNES

Del partido hay poco que decir. Alianza ganaba en Matute y la crema era un remedo de sí misma. Sobre el final del encuentro, se sucedieron una serie de acciones violentas, en las que Jorge Amado Nunes tenía el papel principal. En una acción frente a Oriente, el 'Viejo' empujó a Paulo Hinostroza y el árbitro Alberto Tejada le sacó la tarjeta roja de inmediato. En ese momento apareció Kopriva y, según contaría Nunes años después, le dijo algo que lo molestó. La respuesta del 'Cenizo' fue el cross de derecha más famoso del fútbol peruano, que mandó al volante aliancista al piso y lo puso K.O. antes de la cuenta de 10. La acción -de la que hoy se arrepiente el paraguayo- quedó tatuada en el imaginario popular merengue. Nunes se transformó en héroe para la

hinchada y la imagen de su nocáut hasta fue grabada en una banderola.

22 DE MAYO DE 1975 — SOLO HABÍA QUE GANAR

Tras el empate en el debut ante LDU, en Quito, y la derrota ante Unión Española, en Chile, vencer a los ecuatorianos en Lima era de necesidad vital si Universitario quería volver a una final de la Copa Libertadores. Treinta y dos mil personas acompañaron al equipo en el Nacional, que sufrió para vencer al cuadro ecuatoriano con goles de Oswaldo 'Cachito' Ramírez y Rubén Techera. Gustavo Tapia puso el descuento esa noche de felicidad.

23 DE MAYO DE 1994 — 'BALÁN' PERDIÓ SEVILLA

Andrés 'Balán' Gonzales había viajado entusiasmado a Sevilla para sumarse a las filas del Betis, club querido en la ciudad que andaba en la Segunda División. El ariete que hacía diferencias en nuestro país por su fuerza y sus ágiles movimientos, nunca pudo acomodarse al duro fútbol europeo y en una reunión con el técnico Lorenzo Serra Ferrer, este le comunicó que no contaría con él la próxima temporada. El propio 'Balán' dio la noticia, apesadumbrado por el fin intempestivo de su sueño. Dijo también que tenía posibilidades de continuar en el Mérida, también de la segunda división, en caso contrario volvería a Universitario, "no solo porque fue el último equipo en el que actué antes de venir a España, sino porque allí siempre me han tratado fenomenalmente". Y así sucedió.

24 DE MAYO DE 1972 — LA TRISTEZA DEL SUBCAMPEÓN

Hay 55 mil personas en Avellaneda gritando por el Rojo. En la cancha, once camisetas cremas se convierten en un puño porque saben que es la oportunidad de sus vidas, la que soñaron y persiguieron, la que tal vez no volverán a tener. Así salen a la cancha, así corren por la pelota, pero Maglioni está endiablado y no pueden detenerlo. Independiente se pone arriba. Vuelve a repetir el delantero y la 'U', que había recuperado a sus titulares de la selección, se acuerda de su historia y pelea. Los últimos minutos atropella, empuja, intenta meter al equipo de Pavoni y Pastoriza contra su arco. Percy Rojas le da fuego a la esperanza anidando un rebote, pero el tiempo se hace corto. Los hombres de Dellacha son los mejores de América. La 'U' se marcha con la tristeza indeleble de quien no quería ser subcampeón.

25 DE MAYO DE 1973 — PORTILLA SE GANABA SU SUELDO

Sobrio, seguro, sin escándalos, era un jugador de seis puntos por partido. Giuliano Portilla no era de aspavientos o salidas de cuadro, lo suyo era cumplir, ganarse el jornal a conciencia. Dueño absoluto del lateral izquierdo durante el tricampeonato, cuando se proyectaba optaba por lo simple: amague y centro. Si encontraba un hueco, largaba el zurdazo siempre fuerte. Estuvo en la crema hasta el 2001, luego se paseó por varios clubes hasta alcanzar la Copa Sudamericana con Cienciano, ya en el crepúsculo de su carrera.

26 DE MAYO DEL 2012 — CHEMO, MÁS GERENTE QUE TÉCNICO

El prometido 'Barcelona de Sudamérica' de Julio Pacheco terminó convirtiéndose en un equipo sin camisetas ni canchas para entrenar, impago y olvidado por sus dirigentes, que pudo cobrar gracias a una colecta organizada por sus hinchas. Sostén de ese Universitario menesteroso fue José Guillermo del Solar, más gerente que técnico, como dijera el periodista Miguel Villegas. El ex mediocampista se convirtió en un solucionador de los problemas del día a día, sea pidiendo prestadas canchas a sus amigos o metiéndose la mano al bolsillo para pagar almuerzos o movilidades. Pero al equipo le iba pésimo en el campo y el hincha, voluble e ingrato, no lo quería. Y ese día fue el último. El 3-1 sobre Sport Huancayo -Ximénez, un golazo de Rainer y un autogol- le bajó el telón al Del Solar entrenador-gerente-jefe de equipo-hincha. Una etapa se terminaba.

27 DE MAYO DE 1981 — DEMASIADO 'MACHITO'

Pocos recuerdan que Mario Gómez era un volante con alma de diez. Nacido en el Callao, con el tiempo fue encontrando su lugar en el lateral izquierdo, puesto que defendió en la selección Sub 20 que jugó en el Sudamericano de Mar del Plata. 'Machito' era aguerrido, peleón, metía la pierna donde no lo llamaban. Cuando se dedicaba a jugar, lo suyo era amagar y escalar por su banda, meter un centro, internarse en el área. Fue uno de los 'Piazza's boys' más talentosos, pero las malas juntas lo perdieron. Estuvo en la crema hasta el 2004.

28 DE MAYO DE 1962 — EL 6-1 FANTASMA

La mayor goleada endilgada por Universitario a Alianza Lima (6-1) no está registrada oficialmente. Es que no se produjo en un partido oficial, ni siquiera en lo que se conoce formalmente como un amistoso. El portal dechalaca.com recoge que cremas y victorianos jugaron una suerte de partido de práctica en la cancha del Circolo Sportivo Italiano. Los íntimos se preparaban para enfrentar al Flamengo brasileño y se habían reforzado con Tito y Manuel María Drago, figuras de Municipal, y el ídolo merengue Alberto Terry, quien, de acuerdo con los registros de la época, jugó ese clásico con camiseta blanquiazul. Los goles guindas -la 'U' no utilizó su tradicional indumentaria crema- fueron marcados por Cossío (3), Lambarry, Jordan y Castro, mientras que Manuel María Drago descontó para los blanquiazules. El reporte señala que Adelfo Magallanes, técnico íntimo, paralizó en varias ocasiones el encuentro a fin de dar indicaciones a sus dirigidos, lo cual refrenda el carácter informal del compromiso.

29 DE MAYO DE 1999 — 'GOYOGOLAZO'

Giuliano Portilla era un lateral de amagues simples. Anunciaba que iba a irse por la raya, se detenía y si encontraba lugar, metía el centro. Esa noche de Clásico, vio que tenía espacio en la banda para correr y tras el primer amague, alargó la pelota hasta el banderín del córner, perseguido por dos defensores. Antes de quedarse sin cancha, metió el centro hacía el punto de penal. El manual del buen defensor señala que los rechazos no deben ir al medio porque el rival puede tomar el rebote y quedar frontal ante el arco. En Alianza olvidaron la regla y el desesperado rechazo quedó en la media luna. Por ahí llegaba Gregorio Bernales y no desaprovechó el regalo. El 'Goyo' metió el empeine con tal violencia que el arquero y sus zagueros solo la vieron entrar. El golazo tiene decenas de miles de repeticiones en youtube. No hay manera de cansarse de verlo.

30 DE MAYO DE 1995 — MARKARIÁN VS. NUNES

La relación entre Sergio Markarián y los jugadores paraguayos del plantel, encabezados por Jorge Amado Nunes, amenazaba con estallar. La dirigencia intervino y trató de apaciguar las aguas. Todo está tranquilo, nadie se mueve, aclararon. Tanto el técnico como el jugador paraguayo permanecerían en Odriozola. En la vieja playa de estacionamiento del Lolo Fernández ambos posan para los fotógrafos, pero varios detalles los delatan: se han estrechado las manos con frialdad y sus rostros de fastidio son explícitos. Esta guerra no había terminado.

31 DE MAYO DE 1998 — ESIDIO INSACIABLE

Juan Carlos Bazalar Cruzado, sobrino de Luis y hechura de las canteras merengues, recaló en Matute por esos devaneos que tiene el destino. En uno de esos clásicos que le tocó jugar de blanquiazul, el buen 'Juanca' fue víctima de la voracidad de Eduardo Esidio al marcar un señor autogolazo al intentar despejar un cabezazo del brasileño. En el segundo de la tarde no tuvo intervención, pero igual lo sufrió: Edú la recibió en el área con el taco izquierdo, la jaló para su perfil derecho y metió un bazucazo. Esa tarde, el brasileño estuvo imparable.

JUNIO

1 DE JUNIO DE 2014 — CUANDO EL SERBIO NOS DEJÓ

Murió en la tierra que lo vio nacer, Novi Sad, aunque ya no era Yugoslavia, sino su amada Serbia. Iván Brzic llegó al Perú en 1991, en una época en que los técnicos eslavos se multiplicaban por Sudamérica (Simo Vilic, Vladimir Popovic, Dragan Miranovic). Era un tipo duro, sin filtros, al que era difícil verlo sonreír, escondido tras unos lentes de aviador. Con el tiempo se fue ablandando y el ceño adusto que se había convertido en su marca de fábrica, lo terminó por abandonar. A la 'U' llegó en setiembre del 91 y pese al poco tiempo que llevaba, estuvo a punto de ganar el título de ese año. A la temporada siguiente la corona no se le escapó y consiguió llevar a la crema a la segunda etapa de la Libertadores del 93. Volvió en 1997, sin mayor suerte. Murió a los 73 años.

2 DE JUNIO DE 1973 — EL CIELO Y EL INFIERNO

Carlos Melzi vence en las elecciones y se convierte en presidente en un período que tuvo dos caras muy distintas. Por un lado, conoció las mieles del equipazo campeón del 74, que estuvo a punto de volver a alcanzar la final de la Copa Libertadores en 1975; por el otro, tuvo que lidiar con el desbande de las principales figuras del plantel (Chumpitaz, 'Ca-

chito' Ramírez, Oblitas, Techera) y la crisis económica, que originó situaciones muy tirantes con los jugadores.

3 DE JUNIO DE 1975 — LA GRAN FRUSTRACIÓN

Cuarenta mil personas rugiendo en el Nacional. En la cancha, uno de los mejores equipos de Universitario de su historia: Juan Caceres; Eleazar Soria, Fernando Cuéllar, Héctor Chumpitaz y Rubén 'Panadero' Díaz; Rubén Techera, Julio Aparicio y Hugo Palomino; Oswaldo Ramírez, Juan José Oré y Juan Carlos Oblitas. En el banco, el gran Juan Eduardo Hohberg. ¿La consigna? Ganar. Un triunfo los ponía, tres años después, nuevamente en la final de la Copa Libertadores. Pero Unión Española era cualquier cosa menos un rival fácil. La 'U' había abierto el marcador a los 34' a través de Palomino, pero careció de punche para aumentar la cuenta. A falta de 11 minutos para el final, Trujillo puso el empate. Nunca volvió a estar tan cerca de la gloria.

4 DE JUNIO DE 1996 — 'PIRATA' CREMA

Luego de un frenético intercambio de faxes con Austria y Argentina, Adrián Czornomaz quedó expedito para fichar por Universitario y a las 5 p.m. de ese día, en el local de la Federación Peruana de Fútbol, puso su firma en el libro de pases. Eduardo Luján Manera tenía fe en que solucionaría los problemas del equipo. El trascendido que recorrió las redacciones es que el 'Pirata', quien ya venía entrenando con el club, debutaría al día siguiente. Así ocurrió.

5 DE JUNIO DE 1996 – FIRMÓ Y MARCÓ

Adrián Czornomaz pagó rápidamente con goles la inversión que hizo Universitario por su préstamo (al parecer unos 110 mil dólares). Eduardo Luján Manera no se hizo problemas y lo hizo debutar horas después de haber fichado. ¿El resultado? El 'Pirata' fue autor de uno de los goles con que los cremas vencieron a San Agustín. Sería el primero de los 20 tantos que anotaría en menos de seis meses de competencia.

6 DE JUNIO DEL 2001 – EL 'CHECHO' SIEMPRE ESTÁ

Rómulo 'Copete' Fernández, un carrito chocón nacido en Uruguay traído por Sport Boys, había errado una ocasión inmejorable apenas un minuto atrás. Iban 92' y el 2-2 mantenía en sus asientos a los poco más de 2 mil espectadores que albergaba el Monumental. Ibáñez apuró el saque y de uno de esos pelotazos que se lanzan para ver qué sale, Abel Lobatón y Sergio Ibarra aparecieron de cara al gol. El 'Checho', capaz de anotar con un movimiento de coxis o un tobillo enfermo, se estiró hasta donde no podía para meter la pelota en el fondo del arco de Rafael Quesada. El célebre oportunismo del cordobés le permitía festejar a Universitario una victoria demasiado sufrida. Lobatón y Jorge Araujo anotaron los otros goles, mientras que Gustavo Tempone y el 'Copete' marcaron para los porteños.

7 DE JUNIO DE 1967 – RACING GANÓ EL PRIMERO

Tras haber goleado 3-0 a Colo Colo en el inicio de la Semifinal A, tocaba recibir al poderoso Racing de Avellaneda que llegó a Lima con el 'Bocha' Maschio como principal expo-

nente de su cargada artillería. Unas 20 mil personas fueron testigos de esa noche triste en la que Raffo en dos ocasiones y el breve consuelo de Enrique Casaretto marcaron los goles. La derrota obligaba a Universitario buscar una hazaña en Buenos Aires para no perder el paso. La crema, como sabemos, no defraudó.

8 DE JUNIO DE 1958 — SE DIERON LA MANO

El presidente Manuel Prado lo había mandado a construir y cuando estuvo listo, para sacarle brillo, los piuranos buscaron que los mejores equipos peruanos se enfrentaran en su partido inaugural. Así Universitario se desplazó a Piura para enfrentar a su rival de toda la vida en el estadio bautizado con el nombre de Miguel Grau, el Caballero de los Mares. El marcador del duelo estuvo a tono con el apelativo del querido héroe: fue un duelo de caballeros que culminó 1-1 con tantos de Alberto Terry para los cremas y Carlos Lazón para los blanquiazules.

9 DE JUNIO DE 1954 — UN ALIVIO INGLÉS

Los compadres Dante Rovai y 'Toto' Terry, y Ramón Villaverde anotaron los goles con que Universitario superó al Charlton Athletic, un cuadro londinense que jugaba en la Primera División, en un amistoso jugado en el estadio Nacional. El año 1954 no fue feliz para los cremas, ya que en el torneo local acabaron en el tercer lugar, a seis puntos del campeón Alianza Lima y tres de su escolta, Sporting Tabaco.

10 DE JUNIO DE 1951 — EL COMPADRE ROVAI

Con Alberto Terry formó la pareja de compadres blancos más famosa de su época. Estuvo entre los once que salieron al campo en la despedida del Lolo Fernández y 'Toto' lo siguió cuando se marchó a Cristal. En los inicios de su carrera, Dante Rovai destacaba como puntero izquierdo, luego se acomodó como lateral, puesto con el que llegó a la selección y jugó las eliminatorias para Suecia 58. Ese 10 de junio, en un torneo relámpago, marcó la solitaria conquista con que Universitario venció a Alianza Lima, su compadre de toda la vida. El compadre Rovai no falló.

11 DE JUNIO DE 1996 — ÓSCAR ES PERUANO

Un decreto supremo publicado en el diario "El Peruano" puso sobre blanco y negro un sueño que el hincha perseguía: Óscar Manuel Ibáñez Holzmann se convertía en peruano. El nacido en Presidente Roque Sáenz Peña, Argentina, había encontrado su segundo hogar en Perú y el cariño sincero y generoso del pueblo crema. A Eduardo Luján Manera, en ese entonces técnico del club, su nacionalización le aliviaba la vida, ya que hasta ese entonces la 'U', además de Óscar, tenía tres jugadores extranjeros: el argentino Adrián Czornomaz, el paraguayo Gabriel González y el brasileño Álex Rossi. La selección, en tanto, ganó un jugador más.

12 DE JUNIO DE 1949 — LOS NUEVE MÁS ODIADOS

La historia del 1-9, la peor goleada recibida por Universitario en un clásico, tiene algunas aristas desconocidas. El plantel no estaba al tope, varios titulares padecían lesiones, entre ellos Lolo Fernández. Incluso Jorge Rodríguez tuvo que jugar con la mano enyesada. Todo pintaba mal desde antes del partido, aunque nadie imaginó que sería una tarde desastrosa. Ya a los 14', Alianza estaba arriba 2-0 y seis minutos más tarde, David Rodríguez fue expulsado, lo que puso las cosas cuesta arriba. Luego del octavo gol, el arquero Juan Busanich pidió abandonar el campo. "A mí nadie me mandó que saliera ni me fui por temor a que me siguieran colocando goles. Me rendí porque no podía sostenerme en pie", declararía luego a "La Crónica". El noveno gol, a los 80' de juego, lo recibió Raúl Dreyffus. El resultado puso ser más abultado, ya que Busanich le tapó un penal a Cornelio Heredia al inicio del segundo tiempo. La 'U' terminaría el encuentro con ocho hombres porque además de Rodríguez, el 'Mariscal' Da Silva y Augusto Gasco fueron expulsados por insultar al juez Guillermo Barr. Alberto 'Toto' Terry marcó la solitaria diana merengue.

13 DE JUNIO DE 1967 — PROBÁ, RIVER

Este once hay que aprendérselo de memoria: Rubén Correa en el pórtico; Pedro Gonzales, Luis La Fuente, Héctor Chumpitaz y Nicolás Fuentes en la defensa; Luis Cruzado y Roberto Chale en la volante; Enrique Casaretto, Víctor Calatayud, Ángel Uribe y Víctor 'Kilo' Lobatón en el ataque. No olvidar también que en el banco estaba Marcos Calderón cuando era un osito treintañero. Que era, además, una noche fría y fantasmal en el Monumental de Buenos Aires, transformada en magia y alegría por ese grupo de valientes. La 'U' necesitaba ganar para seguir con vida en la semifinal de la Libertadores y lo consiguió con el tanto providencial de Enrique 'el Ronco' Rodríguez, reemplazante de 'Kilo'. Aún había vida en la Copa. Y espacio para seguir construyendo jornadas inolvidables.

14 DE JUNIO DE 1998 — EL PRIMERO DEL 'PELADO'

El débil Lawn Tennis fue el último escollo. Un inesperado zurdazo del 'Puma' que con algo de suerte se transformó en el primero y otro de Farfán, tras una descolgada por izquierda del 'Chino' Pereda, le dieron vida al primer éxito del año del equipo de Osvaldo Piazza. Óscar Ibáñez; Gustavo Falaschi, Luis Guadalupe, Edson Domínguez, Giuliano Portilla, José Carranza; Marko Ciurlizza, Jean Ferrari, José Pereda, Roberto Farfán y Eduardo Esidio fueron la base del equipo campeón del Apertura que se nutrió de la sangre joven de Jorge Araujo, Piero Alva, Anthony Matellini, Oswaldo Carrión, Luis Cordero y Mario 'Machito' Gómez.

15 DE JUNIO DE 1967 — CONSUMANDO LA HAZAÑA

Cuarenta y ocho horas después de acabar con River, la 'U' se medía con Racing, el estandarte argentino en la Libertadores durante ese memorable 1967. Mario Agustín Cejas, Roberto Perfumo, Alfio 'Coco' Basile, Juan Carlos Rulli, el 'Chango' Cárdenas y Humberto Maschio eran la columna vertebral de ese cuadrazo conocido como el "equipo de José" por Juan José Pizzuti, su técnico. Marcos repitió la alineación, salvo por Lobatón, quien le cedió su lugar al 'Ronco' Rodríguez, autor del gol de la victoria ante los 'millonarios'. El encuentro se jugó al filo y sin miedo. Cruzado se hizo dueño de la mediacancha, sostenido por la lectura de juego de La Fuente, rápido para cubrir a Gonzales, y en la fortaleza de Chumpitaz. Lucho buscaba siempre a Chale para hacer paredes en el medio e intentar que Uribe, Casaretto y el 'Calato' abrieran algún hueco en la amurallada defensa albiceleste. Era un partido parejo hasta los 34' del complemento, cuando Maschio, que había estado escondido, abrió la cuenta al ganarle una pelota a Chumpi. Ahí nomás, un tiro libre en el mediocampo local derivó en una pared con taconazo de Cruzado incluido, y Chale empalmó un derechazo que fusiló a Cejas. La 'U' no se conformó y en la agonía, un balazo de Chumpitaz fue contenido a medias por el golero racinguista. Calatayud pegó un pique y conectó el rebote sin respirar. La hazaña había quedado consumada. En 48 horas, dos grandes del río de la Plata habían caído a manos del humilde equipo de la costa del Pacífico. Universitario había ingresado a la historia grande del fútbol sudamericano.

16 DE JUNIO DEL 2001 – LÍOS Y MÁS LÍOS

A la desastrosa actuación en la Copa Libertadores, se sumó el descalabro económico. Dos meses de sueldos atrasados hicieron estallar la bomba. No obstante, el diálogo se impuso y tras cobrar una quincena -y recibir la promesa de que el resto se les pagaría próximamente- el plantel que dirigía Teddy Cardama guardó las armas y aceptó jugar ante Cienciano, el rival programado (triunfo merengue por 3-0 con goles de Araujo, Lobatón e Ibarra). Una frase de Óscar Ibáñez reveló el sentir de los jugadores en ese complejo momento: "De ahora en adelante solo hablaremos con Javier Aspauza y el tesorero Héctor Quesada porque hay directivos que solo buscan figurar". El dardo era para Otto Carrasco, un peculiar dirigente de bigotillos desordenados, que había acusado a los reclamantes de querer desembarcar a Cardama del club. Desde ese momento, le pusieron la cruz.

17 DE JUNIO DEL 2020 – EL GOL NO DURÓ MUCHO

Universitario se debatía en una de sus enésimas disputas por el control del club. Edison Flores, aunque jugaba en el exterior, dio a conocer su parecer: "Esta situación es difícil porque el jugador vive con incertidumbre, ya que año a año se cambian de administraciones y crea inestabilidad. Preocupa porque todos los chicos tienen familia. Solo me queda decirles a los chicos que recién empiezan que disfruten al máximo esta parte de la 'U', porque el club sin sus problemas es lo mejor que puede haber". Como buen hijo, el 'Orejas' siempre está atento a lo que sucede en su casa.

18 DE JUNIO DEL 2010 – HABLA EL 'NEGRO'

Hacía un mes que Universitario había sido eliminado de la Libertadores, en una noche resuelta por esa forma moderna de fusilamiento llamada definición de penales. "No hicimos goles, pero tampoco nos hicieron. Competimos", resumía Carlos Galván, el káiser de la zaga merengue, la llave con el Sao Paulo. En entrevista con El Comercio, el 'Negro' apostaba que el equipo de Rodrigo Ceni llegaría a la final (sería eliminado por el Inter, el futuro campeón, en semifinales) y miraba con fe el campeonato local. ¿Se puede alcanzar el 'bi'?, le preguntaron y aunque la situación institucional flaqueaba, el zaguero confiaba en que los problemas administrativos no enturbiarían el trabajo en el campo de juego. La realidad fue otra. La 'U' no pudo driblear las zancadillas de sus directivos y acabó en la cuarta posición, a seis puntos del tercero y a 20 del campeón San Martín en el puntaje acumulado.

19 DE JUNIO DEL 2010 – SÍ, CRÉALO, GOL DE RAINER

Rainer Torres hizo muy pocos goles en su carrera. Dieciséis en 17 temporadas repartidas en Alemania y en el Perú. Uno de ellos fue en Chimbote, ante José Gálvez, un día de goleada que tuvo dos protagonistas excluyentes: Daniel Fe-

rreyra, golero del equipo local, y el joven Raúl Ruidíaz, figura naciente de los cremas. Una desafortunada reacción del portero argentino le permitió al 'Motorcito' marcar el segundo (antes había anotado el indescifrable Píriz Alvez). Ruidíaz, en tanto, no solo fue clave en las dos primeras anotaciones, sino que cerró el marcador. La 'U' ganó 3-0 y, casualidades del destino, era tercero del campeonato.

20 DE JUNIO DEL 2011 — EL VOLANTE DEL PUEBLO

Una encuesta de la empresa Apoyo, encargada por El Comercio, buscaba conocer las preferencias futbolísticas de los peruanos en determinados puestos. A la pregunta sobre quién consideraban era el mejor volante de marca, un 22% se inclinó por Rainer Torres, 15% mencionó a Josepmir Ballón, 11% a Jean Tragodara, 10% a Adán Balbín y 4% a Antonio Gonzales, compañero de Rainer en la volante crema. El valor del 'Motorcito' era reconocido por el pueblo. Las camisetas no importaban. Su calidad indiscutida diluía cualquier diferencia.

21 DE JUNIO DE 1959 — CINCO VECES CHINO

A lo largo de su historia, la 'U' no ha podido hacerle más de seis goles en partidos oficiales a Alianza Lima. Solo lo hizo tres veces y en dos ocasiones, el marcador fue el mismo: 6-2. Dos jugadores se llevaron el protagonismo: Eduardo 'Lolín' Fernández, autor de los seis tantos en uno, y Daniel Ruiz hacedor de cinco en el otro. El clásico del 21 de junio, jugado por el Torneo Apertura, quedó en la estadística como una demostración de la abrumadora superioridad crema sobre el compadre, que ese año la pasó muy mal. Y de la eficacia goleadora de Ruiz, uno de los mejores atacantes de su época. Señala Rafael Quirós, que el 'Chino' "nunca fue un malabarista de la pelota, ni un lúcido dribleador, ni un espectacular 'shoteador'; poseía sí, un extraordinario sentido de la ubicación para estar colocado siempre en el lugar preciso que le permitiera hacer el gol con facilidad'. Estuvo en la 'U' entre 1955 y 1963. Su mejor año fue 1959: la 'U' alcanzó el título y él fue el goleador con 28 anotaciones.

22 DE JUNIO DE 1992 – LETELIER, UN SEÑOR PROFESIONAL

Además de goles, Juan Carlos Letelier dejó en Lima lecciones de profesionalismo. "Soy un convencido en un 100% que el trabajo lleva al éxito; creo que para la edad que tengo -32 años- en la parte física estoy bien preparado, corro quizás más que un jugador de 20 o 21 y eso se debe a que he trabajado a conciencia desde que empecé", le dijo a El Comercio. Consciente de que muchos dudaron de su rendimiento cuando aterrizó en Lima, añadió: "No quiero ser un ladrón, sobre todo si mi profesión me ha dado bastante. Si mi trabajo es dentro de una cancha, mi respuesta también ha sido allí".

23 DE JUNIO DEL 2001 – LA CARTA DE GRONDONA

"Creo no merecer lo que está pasando", "[me he sentido] manoseado, maltratado". Las palabras son de Gustavo Grondona, quien hizo conocer una carta con su versión sobre su disputa con la directiva de Javier Aspauza. El argentino acusaba a los dirigentes de mentirle e indisponer a Teddy Cardama, en ese entonces técnico del club, en contra suya. La directiva quería reducir su salario, pero según el mediocampista nunca discutieron sobre el tema y de lo que se habló fue de una deuda pendiente. Los últimos días

del 'Pelado' en el club fueron lamentables, indignos de una figura que tanto dio en la cancha por la institución. Incluyó, además, una comentada persecución a Aspauza en la puerta de su notaría. Penoso.

24 DE JUNIO DE 1928 — EL OTRO ALIANZA

Antes de ganar el primer clásico de la historia, la Federación Universitaria venció a otro Alianza, el Alianza Callao. La temporada 1928 fue el debut en Primera División del cuadro estudiantil, que enfrentó el torneo organizado por la Federación Peruana de Fútbol con otros 9 participantes. En la primera fase del certamen, ganó 5 de 9 partidos, perdió una sola vez, marcó 20 goles y solo recibió seis. Uno de esos triunfos fue ante los chalacos aliancistas. El resultado no dejó dudas: 3-0.

25 DE JUNIO DEL 2000 — LUIS ALBERTO, REY DE LOS CIELOS

"Era vago", reconoció Luis Alberto Carranza, cuando le pidieron que hiciera un balance de su carrera. No le gustaba entrenar, descuidaba su alimentación y lo perseguían las lesiones. Cuando llegó al Perú, los médicos lo revisaron como a un preso, temerosos de que hubiera algún resabio de una rodilla maltrecha ¿Entonces, cómo diablos pudo sostener ese carrerón en Cerro de Pasco, a 4,380 metros sobre el nivel del mar, que culminó en uno de los golazos más gritados que se recuerde? Hagamos memoria: se extinguía el Apertura y en la plaza más dura del país, Universitario buscaba el título ante Unión Minas, un equipo que era temible cuando jugaba en casa, cerquita al cielo. El comienzo del partido no fue bueno. Abrió la cuenta Wilkin Cavero y todo se hizo más difícil. Carranza, con guantes y gorrito rojo, hizo su ingreso en la segunda etapa en reemplazo de un agotado Gustavo Grondona. ¿Su misión? Darle oxígeno a un equipo que resistía. Pronto tomó las riendas y a los 40' puso el empate tras un grosero penal de 'Channy' Cáceda sobre Mario 'Machito' Gómez. El empate era negocio, no para los cerreños que se fueron con todo. Ya en los descuentos, Cáceda volvió a equivocarse: esta vez fue un mal pase en cancha merengue y el ex Independiente, que andaba a la expectativa, robó la pelota. Lo que vino fue surrealista. En lugar de dormir la pelota, se lanzó por la raya izquierda como un velocista. "La idea era que pase el tiempo y llevarla al córner... y de repente me encontré con el arquero", contaría el Beto años después. ¿Cuánto corrió? ¿60, 70 metros? ¿A más de 4 mil metros de altura? Tres jugadores auriazules quedaron detrás y el Beto, sin saber cómo, se encontró pisando al área grande por el borde izquierdo. Siguió picando y cuando el arquero salía al achique, la punteó de derecha, junto al primer palo. La bola entró sesgada, entre el golero y el parante. Fue un golazo.

El Beto no paró de correr. Fue hacia Norte por el calor de la barra y al llegar al alambrado empezó a sentir la falta de oxígeno. "No recuerdo más nada... mis compañeros se tiraban encima y yo trataba de que se hicieran a un lado porque no podía respirar", diría. Regresó al campo con trancos cortos, respirando con dificultad, aturdido. Estaba ahogado, medio muerto, pero eran campeones. Y él acababa de meterse en la historia.

26 DE JUNIO DEL 2002 — EL PRIMERO EN EL MONUMENTAL

Jugar un clásico en el Monumental era un sueño que se fue postergando hasta la primera final del Apertura. Esa tarde, con las graderías repletas, el equipo de Ángel Cappa buscaría la gloria deportiva que le hiciera olvidar las penurias económicas del día a día. Una falta de 'Chicho' Salas

sobre César García, sobre la banda izquierda del ataque merengue, provocó un tiro libre que asomaba peligroso. Paolo Maldonado sirvió curvado, hacia el área chica, el arquero íntimo dudó y Martín Vilallonga se elevó como un águila sobre Pepe Soto para clavarla como un martillazo. Eran los 12' del segundo tiempo. El clásico era áspero sin dejar de ser vibrante. Los arcos se cerraron tras el cabezazo de Vilallonga. El triunfo, aunque escueto, le abría a la 'U' las posibilidades del título. Para muchos de los que estuvieron en la cancha fue el primer y último clásico en casa. Al finalizar el torneo, Molina, Del Solar, Vilallonga y Cappa se fueron porque no había quién les pagara. Eran campeones sin un mango en el bolsillo.

27 DE JUNIO DEL 2009 – RESBALÓN CHALACO

La 'U' de Juan Máximo Reynoso era un relojito con pocos resquicios, que privilegiaba la eficiencia antes que el lucimiento individual. Eso no le impidió tener algunos resbalones. El culpable fue el Total Chalaco, un club nacido de la fusión entre el Total Clean de Arequipa y el viejo Atlético Chalaco nacido en 1902. Ese día, Joel Sánchez asustó a la hinchada crema con un tanto anotado a los 8' del segundo tiempo. Once minutos más tarde, Piero Alva le bajó unos grados a la ansiedad, pero la remontada crema no fue posible y el 1-1 se mantuvo hasta el final.

28 DE JUNIO DEL 2001 – GRONDONA Y EL DIVORCIO IMPOSIBLE

No se fue como merecía un jugador de sus galones, uno de los estandartes del tricampeonato. No solo diferencias de dinero hicieron que Gustavo Grondona y el presidente del club, Javier Aspauza, exhibieran sus discrepancias. La cercanía del 'Pelado' con el expresidente Alfredo González, quien lo contrató merced a su buena relación con su hermano Humberto y su tío Julio, entonces mandamás de la AFA, tuvieron también que ver. El Comercio publicó la versión del mediocampista: "No entiendo nada. La única vez que conversé con Aspauza le ofrecí rescindir por menos de lo que al final cobré. No sé hasta ahora que pretendieron. Me dijeron que me bajarían el sueldo y no acepté porque había que respetar lo pactado. Y bueno, me separaron. Tal vez no les gustó mi cercanía con la anterior directiva. Esta no era la manera de salir". Grondona seguiría su carrera en Sporting Cristal.

29 DE JUNIO DE 1983 — EL GOL MÁS BELLO DE LA HISTORIA

Habían pasado meses desde que un zurdazo del 'Trucha' Percy Rojas le permitió a Universitario romper una racha sin victorias ante Alianza que parecía interminable. Esa tarde, el Estadio Nacional volvía a recibir a los rivales de siempre en un partido que parecía hecho para un empate y que se resolvió con un gol maravilloso, acaso el más hermoso que se haya marcado en un clásico. Era el minuto 89 y la pelota salió desde campo merengue en una sucesión de toques infinitos, casi sin que la pelota tocara el piso. Rodolfo Chávarry, Luis Gardella y Germán Leguía... el balón navegaba de un botín a otro, mientras los blanquiazules solo miraban, quizás con cierta admiración esa belleza en construcción. Miguel Seminario la recibió cuando entraba al área y, de volea, la clavó alta, mientras Gonzales Ganoza se estiraba sin remedio. Eduardo Rey Muñoz, presente esa tarde histórica, dice que una de las razones por las que nunca olvidará ese gol es que todos sus compañeros, incluyendo el arquero, tocaron la pelota antes de que llegara a los pies de Seminario. Todos menos él.

30 DE JUNIO DE 1957 — EL PRIMER ANGELITO

A lo largo de su dilatada carrera, Ángel Uribe solo vistió dos camisetas: las de Universitario y la selección nacional. Cuenta Rafael Quirós, expresidente e historiador del club, que Angelito debutó por el equipo B ante el White Star de Arequipa, encuentro que terminó 4-0 a favor de los cremas. Su velocidad e inteligencia, además de la pólvora que mantenía en los botines, le permitieron continuar en el club hasta 1973.

JULIO

1 DE JULIO DE 1988 – CERO PARA LOS DOS

El inicio del Grupo 5 de la Copa Libertadores no fue auspicioso. Si bien los rivales brasileños, Guaraní y Sport, no asomaban poderosos, arrancar la serie con un empate, a pesar de que el rival era Alianza Lima, reducía la posibilidad de establecer diferencias para meterse en la siguiente fase. El clásico de esa noche fue un partido opaco, sin goles, que se vio enturbiado por las tarjetas rojas que recibieron Samuel Eugenio y Cedric Vásquez. La 'U' alineó con Chávez Riva; Carmona, Eugenio, Requena, Trece; Reyna, Chirinos, Carranza y Suárez; Rey Muñoz y 'Balán' Gonzales.

2 DE JULIO DEL 2000 – BAUTIZO MONUMENTAL

Después de largos nueve años, Universitario pudo inaugurar el Monumental. Ya consagrado como campeón del Apertura luego de su victoria en Cerro de Pasco sobre Unión Minas, la dirigencia organizó una hermosa fiesta para abrir las puertas de su nueva casa, nada menos que ante Sporting Cristal, el gran rival de esa temporada. Sobre el verde, la 'U' impuso pronto condiciones y superó a los celestes por 2-0 con tantos de Eduardo Esidio y Piero Alva. La expulsión del venezolano Daniel 'Cari Cari' Noriega en el primer tiempo profundizó las diferencias en favor de la crema, que manejó las acciones a partir de las decisiones precisas de Gustavo Grondona. Sobre el final, el golero Leao Butrón vio la roja tras derribar a Esidio y el árbitro cobró penal. Como los rimenses ya habían realizado los tres cambios, Roberto Silva se cuadró bajo los tres palos y pasó lo increíble: el delantero logró contener el disparo de zurda del brasileño, quien al final de la temporada se consagraría como el goleador del campeonato. Hasta ahí el resumen deportivo. La felicidad vivida en el interior del estadio se vio opacada por una serie de desmanes ocasionados por un grupo de hinchas, que invadieron los cerros aledaños y lograron ingresar al perímetro del recinto aprovechando fallas en el sistema de seguridad. Esa tarde asistieron 54.708 personas al estadio crema. La alineación que envió al campo la dupla que integraban Roberto Chale y Luis Reyna fue la siguiente: Óscar Ibáñez; Julio Rivera, Juan Pajuelo, Edson Domínguez, Mario Gómez; José Carranza, Marko Ciurlizza, Gregorio Bernales, Gustavo Grondona; Piero Alva y Eduardo Esidio.

3 DE JULIO DE 1975 — HOHBERG, EL CHIVO EXPIATORIO

El frustrado regreso a la final de la Libertadores dejó graves secuelas deportivas e institucionales. Una de ellas fue la partida de Juan Eduardo Hohberg, a quien se le culpó del empate con Unión Española por no haber realizado los cambios que le permitieran al equipo cerrar un partido que asomaba favorable. Este respondió con declaraciones en contra de la dirigencia. Las dificultades económicas del club hicieron el resto. Con la relación rota, el uruguayo decidió armar sus maletas y retornar a su país.

4 DE JULIO DE 1992 — POR SIEMPRE, 'BALÁN'

El del 92 era un equipo compacto, agresivo, demoledor, pero tenía también sus bajones. El rival era Hijos de Yurimaguas, un cuadro de Ventanilla que la temporada anterior había alcanzado fama de 'matagigantes' y este año, visiblemente disminuido, merodeaba por los últimos lugares de la tabla. Ese día, los chalacos confundieron las fechas y se atrincheraron en su campo como en sus mejores momentos, defendiéndose con uñas y dientes ante el acecho de los hombres de Brzic. Un tiro libre de Alfonso Yáñez cambió la historia: la pelota partió rumbo al área en busca de una cabeza y encontró la de Andrés 'Balán' Gonzales, quien, sin embargo, le dio defectuosamente. Ni el propio ariete imaginó que el balón tomaría una dirección extraña que sorprendió al golero Erlich. Así, con mucha suerte, la 'U' subía un nuevo escalón en su camino para alcanzar la cima del Descentralizado 1992.

5 DE JULIO DE 1998 — TABLAS EN EL NORTE

Los Piazza's boys, aunque sin Osvaldo -de viaje en Francia, viendo el Mundial-, llegaron al Mansiche a jugar un amistoso contra Alianza Lima. 'Pachito' Guzmán, volante talentoso, amante de la diversión y algo regordete, se hizo presente en la brega al cambiar por gol un penal. Miguel Llanos, un voluntarioso defensor que buscaba hacerse un lugar en La Victoria, puso el gol para los blanquiazules. Nada más cambió. Piazza, que regañaba a 'Pachito' como si fuera su hijo, habría estado feliz.

6 DE JULIO DEL 2008 — MAYER AMAGA CON IRSE

"Mi hija Valeria me extraña, por eso estoy pensando en rescindir e irme del país", decía Mayer Candelo. La 'U' acababa de empatar a un gol con Alianza en Matute, era puntero, pero no todos eran felices. Uno de ellos era el colombiano, cuyo talento había perdido protagonismo frente a la irrupción de Donny Neyra, reconvertido en un talentoso armador bajo el consejo de Ricardo Gareca. El descontento del caleño no se tradujo en su partida y semanas después celebró el título del Apertura. Con Donny y el 'Tigre', por supuesto.

7 DE JULIO DEL 2002 — "CONTRA TODO Y CONTRA TODOS"

Javier Aspauza había sido elegido con la esperanza de acabar con el caos que Alfredo González y sus sucesores habían dejado en el club. Pero el notario fue un fiasco y la crisis se agudizó. Aun así, con Ángel Cappa en el banco, Roberto 'Nuno' Molina, el 'Goyo' Bernales, Óscar Ibáñez, el 'Puma' Carranza, José Pereda, Martín Vilallonga, Johan Sotil y Chemo del Solar en la cancha, la 'U' encarriló un torneo insuperable, logrando triunfos en lugares insospechados, para forzar una definición con el poderoso Alianza Lima por el título del Apertura. En la ida, en el Monumental, la crema consiguió un angustioso 1-0 con un martillazo de Vilallonga en el arco sur. La vuelta, por los disturbios que acompañaron al encuentro en Ate, se suspendió y se tuvo que jugar en el Mansiche de Trujillo. Allí la 'U' aguantó como pudo las arremetidas blanquiazules y con el cero en el marcador consiguió el título del Apertura. El enfervorizado grito de Cappa al final del partido –"Contra todo, contra todos"- es un emblema que los hinchas mantienen vivo, y ha hecho que Angelito y los bravos que lo acompañaron en esa gesta tengan un lugar especial en el santoral merengue.

8 DE JULIO DE 1975 — SIN LUCES EN EL MANSICHE

El año ya empezaba a hacerse sombrío para Universitario, pocas semanas después de haber estado cerca a la gloria de la Libertadores. Se inauguraba la iluminación artificial del estadio Mansiche y la ocasión de juntar unos soles no se podía dejar de lado, más aún si el rival era Alianza Lima. El viaje al norte, deportivamente hablando, no fue beneficioso Los victorianos, mejor armados en la cancha y la tesorería, se hicieron del compromiso. Pablo Muchotrigo, alguna vez goleador histórico del fútbol criollo, marcó dos tantos, mientras que Carlos Chirinos hizo el descuento.

9 DE JULIO DEL 2013 — EL 'GUASTA' NO SE VA

A Diego Guastavino ya le decían el 'Guasta' y sus actuaciones habían sido bautizadas por la prensa como 'Guastashows'. Solían ser ráfagas de gambetas, toques en primera y tiros libres ajustados que se convertían en goles hermosos o permitían a los goleros aparecer en las portadas de los diarios en acrobáticas estiradas. Los rumores de que el Querétaro mexicano, dueño de su pase, lo quería de regreso llegaron a Lima y la hinchada se inquietó. Pablo Rivero, representante del uruguayo, salió a calmar los ánimos: "Sí, Querétaro quiere que regrese, pero Diego tiene un compromiso con la 'U' y lo cumplirá", dijo, palabras más, palabras menos. El hincha, que había vivido esos días en vilo por la insoportable angustia, volvió a respirar tranquilo.

10 DE JULIO DE 1932 — EL 'CAÑONERO DE PAPEL'

Cuenta Guillermo Cortez Núñez, biógrafo de Lolo Fernández, que el goleador cañetano no la tuvo fácil en sus inicios.

Sus primeros partidos con la camiseta de la Federación no convencieron a la prensa y hasta un medio se atrevió a llamarlo 'Cañonero de papel'. El joven Fernández no se arredró y siguió mejorando su puntería, lo que más le criticaban por esos días. Hasta que llegó el encuentro ante Círcolo Sportivo Italiano, un festín para los estudiantiles que acabó con una goleada de espanto: 8-o. Seis goles fueron del 'Cañonero de papel'. Como para que nadie vuelva a dudar de la potencia de sus chimpunes.

11 DE JULIO DEL 2016 — FLORES TOCA DE OÍDO

A los 22 años, Edison Flores tenía el cuajo de un veterano para arrear al equipo cuando flaqueaba o inventar una genialidad para abrir el camino del arco contrario. El consenso de la prensa era que el 4-1 sobre Real Garcilaso no hubiera sido posible sin sus ganas, sus lujos ni su liderazgo. Por eso en los resúmenes que abrían la semana su nombre aparecía gigante, acompañado por adjetivos elogiosos. El banco era de Roberto Chale, pero dentro del campo, su solista mayor, el 'Orejas' Flores, tenía libertad para abandonar la partitura y tocar de oído.

12 DE JULIO DEL 2009 — LA TARDE DE LLONTOP

Nada más terrorífico que recibir un gol tempranero y perder a tu arquero en pleno clásico. Cuando Paco Bazán se estiró para bloquear el remate cruzado que derivaría en el gol de José Carlos Fernández, supo que su hombro no daba para más. Se jugaban apenas 6 minutos del clásico y Juan Reynoso miró a su banco. Esa tarde, Bazán estaba reemplazando al titular Raúl Fernández y a su sustituto, el tercer arquero del club, nadie lo conocía. Pero no pasó mucho tiempo para que Luis Llontop –mirada seria, porte seguro, imanes en las manos- demostrara de qué está hecho. A los pocos minutos de pisar el verde del Monumental, Montaño metió una pelota entre los centrales para que Sánchez llegara y defina. No previó que Lucho metería las manos con rapidez y le robara la pelota. Mientras la tribuna descargaba su nerviosismo con aplausos, el desconocido golero alimentaba su confianza. Un nuevo partido había empezado. Pero los goles tardaron en venir. En el segundo tiempo, un tiro libre desde la derecha servido por Nolberto Solano hizo blanco en la testa de Gianfranco Labarthe, quien con un movimiento de manual le cambió de dirección para poner el empate. Minutos después, Miguel Torres forzó una jugada por la misma banda y generó otro tiro libre. Otra vez se paró Ñol detrás de la pelota, otra vez levantó la mirada. Ahora lanzó la esférica hacia el punto de penal. La bola cayó como un paracaídas y el frentazo de Piero Alva le puso velocidad de misil. 2-1. Asunto terminado.

13 DE JULIO DE 1941 — GOLEADOS EN LA PAZ

Cuarenta y cinco años antes de ser vapuleado en la Copa Libertadores por otro equipo paceño, el Bolívar de Barack, Hirano y Acasuzo, Universitario subió a La Paz para enfrentar al The Strongest. El resultado fue el mismo que en el certamen de 1986: un humillante 4-0. El conjunto atigrado consiguió varios resonantes triunfos ante rivales internacionales por esos años; la 'U' se reivindicaría obteniendo el título nacional con un punto arriba de Deportivo Municipal.

14 DE JULIO DEL 2012 — CLÁSICO DE GOLAZOS

Aurelio Saco Vértiz lleva años lejos de los campos de fútbol, imbuido en clases de zumba y ejercicios funcionales que dicta en gimnasios de Estados Unidos. Pero nunca podrá olvidar el 14 de julio del 2012, cuando un zurdazo suyo de tiro libre superó una muralla de camisetas blanquiazules para colarse en el ángulo izquierdo del arco de Salomón Libman. El gol más resonante de su breve trayectoria futbolística quedó grabado por su belleza. Alianza replicó con otra pintura: un hermoso derechazo de Albarracín que provocaba aplaudir sin reparos. El tercero de la tarde no fue tan bonito, pero se gritó más. Calcaterra metió un centro al área grande, los zagueros aliancistas fueron con el 'Chino' Ximénez y se olvidaron de Edison Flores. El frentazo del 'Orejas' no pudo detenerlo Libman. Otro triunfo crema, ahora en el Nacional.

15 DE JULIO DE 1939 — NACE EL 'RONCO' DEL MONUMENTAL

Al hincha joven el nombre de Enrique Rodríguez le suena poco. Pero si les dicen que le llamaban el 'Ronco', el recuerdo reaparece intacto, nítido, a pesar de que nunca lo vieron en vivo y solo un breve video colgado en YouTube permite verlo en acción. Rodríguez se hizo grande la noche del 13 de junio de 1967, cuando marcó la conquista que le permitió a Universitario vencer al veinteañero Hugo Orlando Gatti, portero de River Plate, en el Monumental bonaerense. Cuatro veces campeón con la 'U', ese gol le bastó para meterse en la historia de la Copa Libertadores de América.

16 DE JULIO DE 1917 — DON ROBERTO ES DE LA CASA

Nacido en Montevideo, Roberto Scarone fue campeón del mundo con Peñarol, dirigió a la selección uruguaya, al Iqueño, Alianza Lima, al América de México y a la selección en las eliminatorias del 73, pero su vínculo con Universitario fue y será indestructible. Eterno. Tomó a la crema en 1969, la hizo campeona ese año y en el 71, estuvo en el banco en la final de la Libertadores del 72 y cuando el club pasaba una de sus tantas crisis, volvió para llevarlo a la Libertadores del 79 y ganar el título de 1982. Sus últimos años los pasó aquejado por el Alzheimer, lo que no le impedía repetir "Me voy para mi casa, me voy para la 'U'". En el 2016, su hijo Roberto trajo sus cenizas y las regó sobre el Lolo Fernández. "El cariño que tuvo en la 'U' no lo tuvo en otro lado", aseguró.

17 DE JULIO DEL 2012 — UN CHINO AGRADECIDO

"Cuando recuerdo lo que hizo la hinchada a inicios de año, cómo nos apoyó, pienso que es un buen lugar para quedarme. Me gustaría retirarme aquí", declaró. El 'Chino' Miguel Ximénez fue por mucho tiempo identificado con Cristal y cuando llegó a la 'U' lo miraron con dudas. El uruguayo no se sintió menos y respondió con lo que mejor sabía hacer: goles. Cuando el club estaba en la lona y los hinchas se metieron la mano al bolsillo para ayudarlo, sintió que estaba en un lugar distinto, donde era muy querido, y retribuyó ese cariño con la gratitud de quien, después de tanto trajinar por la vida, conoce el verdadero amor.

18 DE JULIO DE 1988 — QUE PASE EL REY

Un rebote corto, hacia el centro, y un zurdazo en primera. Así consiguió Universitario el único gol del encuentro y el que marcaría, a la postre, su derrotero en la Copa Libertadores. Porque ese triunfo conseguido en el Nacional sobre Sport de Recife, merced al oportunismo de Eduardo Rey Muñoz, le abrió las puertas de la clasificación al equipo de Juan Carlos Oblitas. La crema se colocó en una posición expectante en la tabla del Grupo 5 de la Libertadores, que pudo consolidar tras el triunfo sobre Alianza Lima en la rueda de revanchas.

19 DE JULIO DEL 2014 — RUIDIÓS

Parecía una acción inofensiva. Uno de esos servicios largos, de compromiso, que los volantes lanzan desde cancha propia para ver "qué pasa". Y pasó. En realidad, no fue casualidad. Josimar Vargas levantó la cabeza y metió un balonazo largo que se detuvo justo delante de Raúl Ruidíaz, cuando se acercaba al área grande perseguido por Koichi Aparicio. El 'chato' avanzó unos metros más y metió un remate rasante, sesgado, sobre la salida de Manuel Heredia. El grito de gol fue alargándose conforme la pelota iba haciéndose un lugar en el arco aliancista. El Nacional reventaba. Otro clásico en el bolsillo. La 'Pulga' picaba otra vez.

20 DE JULIO DE 1952 — LA INAUGURACIÓN DEL LOLO

El sueño del estadio propio se hizo realidad. En la calle Odriozola, en el Cercado de Lima, se erigió el Lolo Fernández, para cuya inauguración se invitó al club Universidad de Chile. El canciller de la República, Manuel C. Gallagher, y su esposa fueron los padrinos del nuevo coloso que tenía parte de las graderías del viejo Estadio Nacional en su tribuna occidente. El propio Lolo Fernández encabezó el desfile de los equipos y luego dio la vuelta olímpica para recibir el homenaje de los presentes. El encuentro culminó con el triunfo de los cremas por 4-2 con tres goles del propio Lolo y uno de Dante Rovai. Esa tarde, la 'U' formó con Busanich bajo los tres palos; Valdivieso y el 'Mariscal' Andrés da Silva; Meza, León y Gasco; Torres, Castro, Lolo, 'Toto' Terry y Navarrete. Luego ingresarían Gutiérrez y Rovai.

21 DE JULIO DEL 2016 — EL 'CHARAPA' NO PERDONA

El ida y vuelta alcanzó una nueva definición en este clásico. Con la mediacancha convertida en una pasarela de tránsito, la pelota iba y venía a una velocidad inusitada para los patrones locales, mientras el drama se concentraba en ambas áreas, sobre todo en la aliancista. El gol estaba por llegar, aunque quedaba la sensación que un error sentaría las diferencias. Finalmente ocurrió: George Forsyth rechaza con los puños un lateral servido sobre el área grande con incomodidad y sin mucha fuerza. La pelota volvió hacia su área chica y allí, elevándose más que cualquiera, apareció Rengifo para meter el frentazo hacia abajo y colocar el 1-0. El Nacional vibró como si hubiera ocurrido un sismo. El equipo de Chale se libraba de Alianza y, de yapa, era puntero.

22 DE JULIO DE 1982 — TE EXTRAÑÁBAMOS, PERCY

El sueño frustrado de finales de los 70 se hacía realidad: Percy Rojas Montero, el querido 'Trucha', volvía a casa, al Lolo Fernández, y empezaba a entrenar con Universitario. Siete años después de su partida a Argentina, a punto de

cumplir 33 años, el 'Trucha' regresaba para jugar con el club de sus amores el último tramo de su exitosa carrera.

23 DE JULIO DEL 2002 — "NO ME SIENTO CAMPEÓN"

La alegría del campeón del Apertura duró muy poco. Apenas conseguido el título, Ángel Cappa, Chemo del Solar, Gregorio Bernales, Martín Vilallonga y otros baluartes del título huyeron por la ausencia de dinero y el maltrato de la dirigencia encabezada por Javier Aspauza. Uno de ellos fue Álvaro Barco, gerente de ese equipo guerrero que ganó el título sin cobrar un sol. Luego de renunciar, incómodo por no sentirse respaldado por Aspauza, declaró a El Comercio: "[Los dirigentes] no pueden sentirse orgullosos por el campeonato, yo tampoco me siento campeón. Quizá sí como socio, como hincha, como ex jugador, pero como dirigentes dejamos mucho que desear. Que la 'U' haya logrado el título con todos los problemas internos y externos es insólito. Si no hubieran estado jugadores como Ibáñez, Chemo o Carranza, esto se acababa más rápido".

24 DE JULIO DE 1996 — ROSSI SE VA

Álex Sandro Rossi, el delantero brasileño que anotara uno de los goles más gritados por la hinchada en los noventa y fuera protagonista en la épica del Centenario, apenas unos meses atrás, fue al Lolo Fernández a despedirse. Desencuentros con el técnico Eduardo Luján Manera precipitaron su partida, a pesar de que el equipo se hallaba en una posición inmejorable para alcanzar o, al menos, reducir sus diferencias en la tabla con el puntero del Descentralizado, el Sporting Cristal de Sergio Markarián. Su lugar en el ataque, al lado de Adrián Czornomaz, lo ocuparían Luis Guadalupe o Eddy Carazas. El brasileño no volvería más.

25 DE JULIO DE 1990 — UN DÍA NACIÓ RUIDIÓS

Antes de convertirse en la estrella de los Seattle Sounders, Raúl Ruidíaz era una de las sensaciones de la Segunda División con la camiseta del América Cochahuayco, filial de Universitario. El chiquillo de Villa María del Triunfo, que se había hecho en las inferiores del club, llamó la atención de Juan Reynoso, quien lo hizo parte del equipo campeón del 2009. Cuatro años después, fue el 'peque' mayor del equipo de jovencitos que Comizzo llevó a la victoria. Sin embargo, nada se compara con lo que hizo en el Apertura del 2016 al lado de Flores, Polito y Guastavino. Hicieron tantas paredes, tantos taconazos, tantos desarreglos en las defensas rivales, que solo recordarlos provoca sonreír. Eran alegría para los ojos.

26 DE JULIO DE 1984 — 'GUASTA' QUERIDO

Su protagonismo en el título del 2013 y en ese cuarteto de virtuosos que hizo del Apertura 2016 un torneo inolvidable, lo ha convertido en uno de los favoritos del hincha. Diego Guastavino, dueño de una sonrisa de comercial de pasta dental, es uno de los uruguayos más queridos por la tribuna. Además de la belleza de sus tiros libres o su facilidad para la gambeta, el 'Messi noruego' nunca hizo un desaire o mostró una gota de desprecio aún en sus momentos más difíciles. La irregularidad que lo acompañó en su último período con la crema no mermó el cariño de la hinchada. Al 'Guasta' se lo recuerda bien. Y se le quiere.

27 DE JULIO DE 1977 – 'CIEGO' CELESTE

Los dirigentes pedían calma al hincha a través de la prensa y afirmaban, con una seguridad indomable, que Juan Carlos Oblitas volvería a ponerse la camiseta crema. La realidad, sin embargo, era que no tenían dinero. En la víspera de fiestas patrias se reunieron con el representante del 'Ciego' para decirle la cruel verdad. La respuesta incomodó al atacante zurdo, quien creía posible volver al club de sus amores. Poco tiempo después, ficharía por Sporting Cristal.

28 DE JULIO DE 1955 – CLÁSICO PATRIOTA

El estadio Elías Aguirre fue testigo alguna vez de una edición del más encarnizado duelo del fútbol peruano, nada menos que en el día de la patria. Universitario superó 3-2 a Alianza Lima en un cotejo amistoso con tantos de Segundo Guevara, Manuel 'el ahijado' Márquez y el experimentado Jacinto Villalba. Del lado íntimo, 'Huaqui' Gómez Sánchez y Guillermo 'Willy' Barbadillo marcaron las conquistas. El norte es crema. Como todo el Perú.

29 DE JULIO DE 1927 – EN BARCO HACIA AREQUIPA

El primer partido que jugó la novel Federación Universitaria fuera del departamento de Lima se realizó en Arequipa ante el FBC Melgar, el cual terminó con triunfo de los estudiantiles por 2-1. Lo anecdótico, sin embargo, residió en cómo se realizó el desplazamiento hacia la Ciudad Blanca. El plantel tuvo que abordar el vapor Nápoli, desembarcar en Mollendo y desde ahí dirigirse por tierra hasta Arequipa. Otros tiempos.

30 DE JULIO DE 1952 — EL NORTE TIENE LO SUYO

El estadio Mansiche de Trujillo fue escenario de un cuadrangular organizado por fiestas patrias que tuvo como invitados al Alfonso Ugarte de Chiclín, el Mariscal Orbegoso y los compadres, Universitario y Alianza Lima. La 'U' se llevó el título invicto al superar a su rival de toda la vida por 4 goles a 3. 'Lolo' Fernández y Luis Navarrete, ambos en dos ocasiones, hicieron los tantos cremas; mientras que Emilio Vargas, Félix Castillo y Cornelio 'Chocolatín' Heredia marcaron para los victorianos.

31 DE JULIO DE 1965 — EL NACIMIENTO DEL DEMONIO

Elejalder Godos, el histórico relator de "Ovación", lo apodó "El demonio del Caribe". Es que sus repentinas apariciones por la banda, rebosantes de picardía y velocidad, hacían de Eugenio Dolmo Flores un hacedor constante de peligro. Era un espectáculo verlo tomar la pelota y encarar, como si se desplazara en puntas de pie, buscando la banda o la diagonal. Luego metía el acelerador y no había quién lo parara. Nacido el 31 de julio de 1965, en Puerto Cortés, el delantero hondureño estuvo muy poco tiempo con la crema (temporada 1994), pero se lo recuerda con cariño y gratitud.

AGOSTO

---

1 DE AGOSTO DE 1993 — LA FRUSTRACIÓN

Luego de una sorprendente actuación en la Copa América de Ecuador, la selección dirigida por Vladimir Popovic inició las eliminatorias para Estados Unidos 94 con tímidas expectativas que Argentina aplastó con un zurdazo de Gabriel Batistuta. Los cremas Juan Reynoso, el 'Puma' José Carranza y Andrés 'Balán Gonzales fueron de la partida esa tarde llena de impotencia porque Perú no pudo refrendar en el marcador el dominio que mostró en el campo de juego. La selección de Passarella, sin merecerlo, se trajo el premio Gordo de su excursión en el Nacional.

---

2 DE AGOSTO DE 1970 — EL ESTRENO DEL VERDUGO

Oswaldo Ramírez acababa de llegar de México. Allí la selección había alcanzado los cuartos de final, cayendo en un partido memorable ante Brasil (2-4). El 'Verdugo de la Bombonera' jugó apenas unos minutos en el Mundial, así que su sed goleadora estaba a flor de piel, lo que se comprobó en su estreno con la camiseta crema. 'Cachito' marcó el tercero en el triunfo por 3-1 sobre Sport Boys (los otros fueron de Percy Rojas y Carlos Daniel Jurado) en un partido válido por el Torneo Descentralizado. Así inició las que, sin duda, fueron seis de las temporadas más importantes que tuvo Universitario

en su historia. Según la Federación Internacional de Historia y Estadística de Fútbol, 'Cachito' marcó 224 goles en 16 años de carrera, 88 de ellos con la camiseta crema. Fue goleador en los Descentralizados de 1971 y 1974, y de la Libertadores en 1972 (6 goles) y 1975 (8 goles). Perteneció al equipo que dirigía Roberto Scarone que alcanzó el subcampeonato en la Libertadores en 1972.

3 DE AGOSTO DE 1988 — EL CLÁSICO DE LA VERGÜENZA

"Tenemos todo para ganar", decía Juan Carlos Oblitas antes del inicio del clásico por el Grupo V de la Copa Libertadores. El técnico de Universitario confiaba en su plantel. Hasta los 40', sus jugadores -y la debilidad del rival- le daban la razón. Universitario ganaba 2-0 gracias a tantos de Chemo del Solar (zurdazo tras un buen centro de Fidel Suárez) y Juvenal Briceño, quien venció al chileno Letelier con un disparo mordido. Nada hacía presagiar el radical –y penoso- giro que tomaría el encuentro en pocos minutos. A los 38', Espino le dio un puntapié a Leo Rojas sin pelota y vio la roja directa. Cuando se acercaba el descanso, Cédric Vásquez le puso el cuerpo a Torrealva y el árbitro Pagano pitó la falta. El defensor lo insultó y el juez le mostró la roja. De inmediato, un grupo de jugadores blanquiazules rodeó al referí. Entre los reclamantes, el más exaltado era el capitán Wilmar Valencia, quien fue el siguiente expulsado. Ahí terminó el primer tiempo. Lo que vino en el segundo fue una pantomima aliancista. Frente a una 'U' que jugaba tranquila, con la cabeza en los partidos que venían ante Guaraní y Sport de Recife, Eugenio 'Chispeao' La Rosa acusó una inesperada lesión y abandonó el campo. Lo siguió el chileno René Pinto, también víctima de un supuesto golpe. Alianza había consumido sus cambios y con seis jugadores en cancha no podía continuar el juego. El pitazo final sonó y mientras caían proyectiles desde las tribunas, los jugadores aliancistas corrían a camarines. Acababan de protagonizar la noche más vergonzosa de su historia.

4 DE AGOSTO DE 1965 — UN 'PALITO' MUY FUERTE

Le decían 'Palito' porque era flaco y alto, pero a despecho de su apodo, era muy fuerte. Llegó a Universitario en 1993 y al lado de Juan Reynoso formó una de las mejores parejas de centrales que ha tenido Universitario en los últimos 30 años. El 'Cabezón' era la sutileza, el cruce oportuno, la pelota bien jugada en salida; Marcelo era el rigor, la pierna fuerte, el cuerpo bien puesto. Continuó en 1994 y cuando su renovación se daba por descontada, Sporting Cristal le hizo una oferta sustanciosa. Los dirigentes de la 'U' intentaron retenerlo, pero en el Rímac llegaron a un acuerdo con Cruz Azul, el dueño de su pase, y la transferencia se concretó. Años después volvería convertido en asistente de José del Solar.

5 DE AGOSTO DE 1992 — NACIONAL SE PASEÓ

La fenecida Copa Conmebol, reservada para los equipos que no habían clasificado a la Copa Libertadores, puso como rival a El Nacional, el equipo de Quito, dueño de un plantel compacto y poderoso que ese año obtendría el campeonato de su país. La ida en Lima fue decepcionante: La 'U' cayó 1-3. Octavio Vidales marcó para la crema, mientras que Hurtado y Kléber Chalá en dos ocasiones anotaron para la visita.

6 DE AGOSTO DE 1936 — LOLO OLÍMPICO

La primera participación de Perú en los Juegos Olímpicos de Berlín tuvo su punta de lanza en su seleccionado de fútbol. De los viajeros, cuatro eran jugadores de Universitario: Carlos Tovar, Orestes Jordán, Arturo y Teodoro 'Lolo' Fernández. El debut fue ante la débil selección de Finlandia, en el Hertha BSC Platz, con un categórico triunfo de 7 a 3. Lolo marcó cinco tantos: a los 8', 35', 47', 68' y 72'. El 'Cañonero' volvería a anotar dos días después en la victoria 4-2 sobre Austria (el cuarto, a los 119'), partido que sería anulado y que provocaría la renuncia de la delegación peruana a seguir participando en los Juegos.

7 DE AGOSTO DE 1957 — UN REY EN CASA AJENA

Cuenta Eduardo Rey Muñoz que fue descubierto por Rafael 'Cholo' Castillo, el gran formador de jugadores aliancista, cuando jugaba a la pelota en su barrio del jirón Macará, San Martín de Porras. Estuvo en las fuerzas básicas de Alianza hasta los 16 años. Nunca imaginó que después se volvería uno de los símbolos de Universitario de la década del 80 y que recién en 1990 jugaría profesionalmente por el cuadro victoriano. Eduardo quería quedarse en la 'U', pero Juan Carlos Oblitas, su compañero de equipo y que en 1989 se había convertido en entrenador, decidió no contar con él. Molesto, Rey Muñoz recaló en La Victoria. Su venganza no duró mucho. Al año siguiente volvió a Unión Huaral, el cuadro que lo vio nacer y donde también se retiró.

8 DE AGOSTO DE 1985 — LA NOCHE DEL 'LOCO' QUIROGA

No hay muchos recuerdos de lo que sucedió durante los 90' de ese clásico jugado por la semifinal del Torneo Regional. Del drama que se vivió después, las historias se multiplican. Universitario y Alianza definían en Matute el paso a la final del Torneo Regional, uno de esos inventos dirigenciales de la época. CNI esperaba al ganador para definir un cupo para la Copa Libertadores. La crema, con sus seleccionados completos, enfrentaba al joven equipo blanquiazul que tenía a Luis 'Potrillo' Escobar como su principal estrella. El anodino 0-0 obligó a la definición por penales y ahí se desató la agonía. Uno y otro fueron pasando hasta el punto blanco. En una de esas, Ramón Quiroga tomó la pelota y se puso delante del golero José González Ganoza. Venía agrandado el 'Loco', ya que le había tapado un penal a Escobar. A 'Caíco' buscó bajarle la moral a los gritos. Ambos gesticulaban, se insultaban fuerte. El juez dio la orden y Ramón pateó mordido, horrible, como un principiante. La bola, caprichosa, tomó fuerza y se le escurrió entre los brazos al arquero aliancista. Aunque Luis Reyna marcaría el 8-7 definitivo, el partido ya tenía un ganador. El 'Loco' fue el héroe de la noche.

9 DE AGOSTO DE 1987 — LA TARDE DEL MELLIZO

El fútbol rápido y atildado de 'los potrillos' solía traerle problemas a Universitario que era un equipo corajudo y trotón. Una muestra de esas dificultades fue el gol de Carlos Bustamante, a los 44' del primer tiempo, surgido de una escapada por la banda derecha de Luis Escobar que tomó a la zaga adelantada. El panorama cambió en el complemento cuando Juan Reynoso, la joven promesa de la zaga aliancista, quiso cederle el balón a Gonzales Ganoza, sin tomar en cuenta que Juvenal Briceño merodeaba por sus espaldas. El

delantero burló al arquero, disparó al arco desguarnecido y milagrosamente la bola fue rechazada por un defensa. Fidel Suárez, que llegaba a la carrera, apareció para anidarla y festejar el empate. Minutos después, un balazo de Bazalar que rebotó en el travesaño fue tomado por Briceño, quien fue derribado dentro del área. El 'Mellizo' Suárez se colocó tras el punto blanco y marcó el segundo con un zurdazo alto y medido. La 'U' volvía a ganar en Matute.

10 DE AGOSTO DE 1976 — 'CHISPITA' SIN DINAMITA

Roberto Holsen jugó por una decena de equipos en su carrera y siempre se lo identificó con Alianza Lima. Por eso resultó tan extraño verlo con la camiseta crema en febrero del 2004, a los 27 años, cuando el equipo era dirigido por el argentino Óscar Malbernat. En Ate se reencontró con Ysrael Zúñiga, su compañero en la selección durante la Copa América de 1999. 'Chispita' nunca consiguió recuperar su mejor nivel y anotó pocos goles. Estuvo apenas seis meses en Universitario y se despidió, curiosamente, jugando un clásico ante Alianza.

11 DE AGOSTO DE 1985 — A LA LIBERTADORES POR EDDY

La 'U' de Marcos Calderón enfrentaba al sorprendente CNI de Alejandro Heredia por un cupo en la Copa Libertadores. La crema jugaba con todas sus estrellas (Ramón Quiroga, Leo Rojas, Samuel Eugenio, Martín Duffóo, Hugo Gastulo, Luis Reyna, Javier Chirinos, Jaime Drago, Eduardo Rey Muñoz, Miguel Seminario y Juan Carlos Oblitas), sin embargo, hasta mediados del complemento el partido se mantenía 1-1. De pronto, un joven recogebolas situado detrás del arco charapa empezó a molestar a Óscar Vera, el golero de la visita. En una de esas, Vera no aguantó más y atacó al chico, lo que provocó que el árbitro Carlos Montalván le mostrara la tarjeta roja. La férrea defensa selvática se descompaginó. Con el ariete José 'Caté' Carranza cuadrado bajo los tres palos, la 'U' no tuvo problemas para marcar dos goles sobre el final del compromiso. El recogebolas era César 'Eddy' Linares, acérrimo hincha merengue, quien años después sería jefe de equipo y gerente del club.

12 DE AGOSTO DE 1995 – MUCHO SUCCAR

Nacido en Lima, Alexander Succar era un sueño largamente acariciado que no se pudo concretar en la temporada 2019 por razones administrativas. Figura de la selección en los Juegos Bolivarianos del 2013, es un atacante empeñoso y fuerte, con gran olfato de gol, a quien una cadena de lesiones le impidió alcanzar la regularidad deseada. Su fichaje se concretó en diciembre del 2019 y fue parte del plantel que participó en la Copa Libertadores del año siguiente.

13 DE AGOSTO DE 1966 – EL PRIMERO DE CHUMPITAZ

Universitario y Mariscal Sucre, que volvía a Primera División, protagonizaron el primer partido de la historia de los Torneos Descentralizados. Fue el preliminar de una jornada doble programada en el Estadio Nacional, que tenía como plato de fondo el encuentro entre Sporting Cristal y Alfonso Ugarte de Chiclín. Los cremas, subcampeones vigentes, no tardaron en ponerse en ventaja. Fue a través de un tiro penal, luego de una falta sobre Enrique Casaretto que Héctor Chumpitaz transformó el gol. Era el debut del 'Granítico' en un torneo local con la crema, ya que hasta la temporada anterior había vestido la camiseta de Deportivo Municipal.

Sucre no se rindió y consiguió la igualdad definitiva por intermedio de Juan Leturia a los 27' del complemento. 'Chumpi' empezaba a escribir su historia.

14 DE AGOSTO DE 1992 — "EQUIPO MEDIOCRE"

Los medios peruanos amanecieron con informaciones negativas sobre el desempeño de Universitario en la Copa Conmebol. Tras la eliminación a manos de Nacional de Quito, los diarios ecuatorianos calificaban de "pobre" el desempeño crema en los dos partidos de la llave, que tuvieron igual marcador (3-1). "Universitario mostró ser un equipo mediocre, de muy bajo nivel, con jugadores nerviosos y desconcentrados que lo único que trataron fue de defenderse", señaló el diario "Hoy". En tanto, "El Comercio" de la capital norteña indicó que "la velocidad fue el arma preferida [de Nacional] y con fútbol simple y sin mayores complicaciones doblegó nuevamente a la 'U'".

15 DE AGOSTO DE 1996 — LA VERDAD DE LA SOPA DE CÓNDOR

El éxito de la 'U' en los partidos en la altura llevó al periodismo a preguntarle al doctor Jorge Alva por el secreto. Y de esas conversaciones con el periodista de El Comercio, Óscar Zamalloa, surgió el término "sopa de huevos de cóndor", que mutó en "sopa de cóndor" a secas. Fue tanto el barullo que el 'doc' tuvo que insistir en que el nombrecito era "producto del ingenio periodístico" y que la bendita sopa en realidad era un estricto régimen dietético que incluía vitaminas e hidratos de carbono, el cual iba de la mano de un entrenamiento especial dispuesto por el preparador físico. Alva no le robaba sus crías a ningún cóndor como alguno imaginó. Lo suyo era pura ciencia. De sopa, nada.

16 DE AGOSTO DE 1971 — 'PAÑALÓN' BICAMPEÓN

Jugar en cuatro de los clubes más importantes del país no lo tienen muchos. Uno de esos privilegiados es Rafael Quesada, peruano nacido en Miami, quien en las 14 temporadas que jugó al fútbol profesional llegó a defender las vallas de Universitario, Sporting Cristal, Alianza Lima y Sport Boys. Su arribo a la crema fue sorpresivo, más aún por su pasado reciente en Matute y porque el dueño del arco era Óscar Ibáñez. 'Pañalón' alternó muy poco, no obstante logró mantenerse en los planteles que ganaron los títulos de 1998 y 1999.

17 DE AGOSTO DE 1953 — MANUEL GREGORIO, EL BREVE

Era agosto de 1994, cuando Manuel Gregorio Keosseián apareció en Odriozola sorpresivamente, con el cartel de haber sido campeón en su país con el modesto Bella Vista cuatro años atrás. Venía a reemplazar a un compatriota suyo, Sergio Markarián, quien había pegado un portazo. No contó con que el equipo no era el mismo que había estado a punto de clasificar a la tercera fase de la Copa Libertadores y que el club no andaba con la tesorería rebosante. Además, sufrió una lesión que lo mantuvo gran parte de su estancia en Lima en muletas. Keosseián no llegó a cumplir tres meses como entrenador y fue reemplazado por Fernando Cuéllar.

18 DE AGOSTO DE 1935 — NO PUDIMOS CON EL TRICAMPEÓN CHILENO

Además de ser uno de los clubes más antiguos de Chile, Magallanes fue el primer campeón de su torneo de Primera División, en 1933, título que repitió en 1934, 1935 y 1938. El

año de su tricampeonato fue al Perú a jugar unos amistosos ante Alianza Lima, Atlético Chalaco y Universitario, que acababa de consagrarse campeón. La 'U' le plantó cara y opuso resistencia a los chilenos, que se llevaron la victoria por un ajustado 3-2.

19 DE AGOSTO DEL 2008 — ¿CANDELO A ALIANZA?

Mayer Candelo lanzó una bombita para generar escándalo. En una actividad benéfica, un periodista le preguntó si jugaría por Alianza, y el colombiano, en plan retador, respondió: "No descarto nada. Si viene Alianza, bienvenido sea". Como buen íntimo, César Cueto, quien lo acompañaba, atinó a señalar que el cerebral volante se acomodaba al "estilo aliancista". ¿Diplomacia o mensajes con subtexto teledirigidos? Lo cierto es que Mayer solo fue a La Victoria a jugar. Y siempre contra la camiseta blanquiazul.

20 DE AGOSTO DE 1939 — EL EQUIPO DEL INGLÉS

Universitario debuta en el campeonato con un apabullante 3-0 sobre Mariscal Sucre. La novedad, sin embargo, estaba en el banco. Jack Greenwell, nacido en Crook, un pueblo situado en el noreste de Inglaterra, había llegado al país tras hacer historia en el Barcelona (le hizo ganar 10 títulos) con el encargo de dirigir a la selección. La dirigencia aprovechó su presencia para jalarlo. Con Mr. Greenwell, la 'U' obtuvo su tercer título, mientras que la blanquirroja ganó los Bolivarianos (1938) y la Copa América (1939).

21 DE AGOSTO DE 1986 — ECHARON AL 'OSO'

El doble 4-0 sufrido en la Copa Libertadores ante Bolívar y Wilstermann de Bolivia, que derivaron en una eliminación vergonzosa, puso en la cuerda floja a Marcos Calderón. Los refuerzos (Juan Carlos Cabanillas, Juan Caballero y Víctor Hurtado) no superaron las expectativas y la directiva empezó a discutir la continuidad del 'Oso'. Cuenta Rafael Quirós que, tras un intento frustrado de derribar a Calderón, pusieron en la mira a su preparador físico (Juan Forero). Los opositores del 'Chueco' insistieron y lograron su cometido. Percy Rojas fue designado como su sucesor temporal.

22 DE AGOSTO DE 1944 — QUÉ MANERA

Eduardo Luján Manera -el "viejo sabio y frontal" como solía llamarlo el periodista Rubén Marruffo- había venido a Lima en varias ocasiones, sobre todo como jugador, integrando el controvertido equipo que dirigiera Oswaldo Zubeldía que ganara las Copas Libertadores e Intercontinental en 1968. Llegó a la 'U' en el tumultuoso 1996, el año en que Markarián abandonó el barco en plena Libertadores y tuvo que ser reemplazado de emergencia por Víctor 'Pichicho' Benavides. Armó una crema que privilegiaba el juego de contacto, con pocas sutilezas, en la que sus mayores logros fueron hacer debutar a Marko Ciurlizza y darle el titularato definitivo a Óscar Ibáñez. El escandaloso partido ante Cristal, el 27 de octubre, puso fin a las aspiraciones de la 'U' por ganar el título y, simbólicamente, le bajó el telón a la era Manera en Odriozola.

23 DE AGOSTO DE 1988 — UN CERO QUE VALÍA MUCHO

Unas 15 mil personas en el Ilha de Retiro, en Recife, fueron testigos de cómo el Sport martilló y martilló el arco de César Chávez Riva. Solo el triunfo le daba la llave para la clasificación a la siguiente fase de la Libertadores. Fue inútil. César jugó uno de los mejores partidos de su carrera y mantuvo el 0-0 hasta el final. Esa noche, Juan Carlos Oblitas mandó a la cancha a Chávez Riva; Leo Rojas, Pedro Requena, José del Solar, José Antonio Trece; José Carranza, Luis Reyna, Javier Chirinos (Roberto Martínez), Eduardo Rey Muñoz, Juvenal Briceño y Jesús Torrealba.

24 DE AGOSTO DE 1968 — EL 'LEÓN' DEL MEDIOCAMPO

"Con el Puma fuimos parte de la mejor generación en años". Así resumía Martín Rodríguez su paso por Universitario, que fue más breve de lo que el hincha imagina (1992-1996). Con José Carranza formó una dupla dura, pegajosa, impasable, que se replicó en la selección y fue el sostén del cuadro bicampeón 1992-1993. Los vaivenes en el club hicieron que su rendimiento decayera con el paso del tiempo. Durante la Copa Libertadores de 1996, en Montevideo, perdió la paciencia y agredió a un periodista. Tras esa temporada, se fue a Municipal en busca de nuevos aires, pero nunca volvió a ser el 'León' que rugía con la crema en las canchas peruanas. "Soy hincha de la 'U' y moriré hincha de la 'U'", le reveló hace unos años al diario "Depor". No había necesidad que lo dijera. Basta con rememorar cómo se entregaba en la cancha cada vez que debía defender la camiseta merengue.

25 DE AGOSTO DE 1933 — LA SELECCIÓN DEL PACÍFICO

Una locura maravillosa propició que un equipo integrado por jugadores de Universitario, Alianza Lima, Atlético Chalaco y Colo Colo viajará a Europa a realizar una larga y extenuante gira que se prolongó durante siete meses. A bordo del vapor Allkmar viajó el que se llamaría el 'Combinado del Pacífico' (también conocido como el "All Pacific") que en realidad era la 'U' reforzada ya que 13 de los viajeros pertenecían a sus filas. Entre ellos se encontraban Lolo Fernández, su hermano Arturo, Plácido Galindo, Alberto Denegri, Luis Souza Ferreyra, Carlos Tovar y Eduardo Astengo. Antes de llegar a Europa, el navío se detuvo en puertos peruanos y de Centroamérica donde jugó varios encuentros. En el viejo continente jugaron en Dublin, Belfast, Edimburgo, Londres, Praga, Múnich, París, Niza, Barcelona, Madrid, entre otros. Aunque no está claro cuántos partidos jugaron (se dice que fueron 39), ni cuántos goles hicieron (y recibieron) sí hay coincidencias en que 'Lolo' fue el goleador de la gira.

26 DE AGOSTO DE 1988 — REGRESO A CAMPINAS

La última experiencia de Universitario en Campinas había sido espantosa. En 1979, Guaraní le endilgó un ominoso 6-1 que le hizo perder la clasificación y lo despachó a Lima en medio de la vergüenza. Esta vez, el trámite fue distinto y la crema alcanzó un empate que le permitió avanzar a la siguiente fase de la Libertadores. Un autogol de Trece y un tanto de Rey Muñoz le dieron forma al marcador. Ambos rivales acabaron en lo más alto del Grupo 5, con 8 unidades, con los brasileños mejor ubicados por diferencia de goles (+4 frente a los +3 de la 'U').

27 DE AGOSTO DE 1976 — 'CACHETE' GOLEADOR

Ysrael Zúñiga jugó apenas una temporada y media en Universitario (agosto 2003 y diciembre 2004), luego hubo amagos para que volviera a ponerse la camiseta crema sin mayor éxito. En su debut en la profesional, en 1999, igualó el récord de Pablo Muchotrigo como máximo goleador de la historia del fútbol peruano (32 tantos). Luego jugó en Inglaterra, Argentina y México, con suerte diversa, hasta aterrizar en Ate. Su mejor temporada fue la 2004 al marcar 17 goles, uno de ellos a Alianza Lima, en Matute (el 22 de diciembre; triunfo por 2-0). El 'Cachete' era técnico, práctico y tenía muy buen shot. Y jugaba como un hincha, por eso la gente lo quería.

28 DE AGOSTO DEL 2011 — UNA DERROTA MÁS

El 2011 fue un año repleto de dudas y miedos. La aguda crisis institucional derivó en deudas con el plantel y los puntos ganados en cancha eran puestos en discusión. Así, semana a semana, la posibilidad de descender se agigantaba. En la fecha 20, Sport Huancayo le infligió al merengue una de las 12 derrotas que sufrió esa temporada, gracias a un gol de Carlos Pérez. A final de año, la 'U' acumuló 34 escuálidas unidades, una más que los equipos que descendieron, CNI y Alianza Atlético. Se salvó por muy poco. Nunca se sufrió más como ese maldito año.

29 DE AGOSTO DE 1982 — EL HIJO DEL 'CHOLO'

"El 'Cholito' Sotil jugaba mucho. [...] Nunca me voy a olvidar lo que hizo con mi tío Pepe Soto, le quebró como tres costillas, le metió un baile. Me dio una pena mi tío. Después del partido lo hice 'miércoles'". El testimonio es de Jefferson Farfán, quien durante la pandemia del coronavirus hizo pública su admiración por Johan Sotil en una conversación con Paolo Guerrero. Tenía razón 'Jeffry', porque el hijo del 'Cholo' jugaba mucho. Era rápido y encarador, muy ligero de cintura. Roberto Chale lo hizo debutar en el 2000, con solo 18 años, pero fue en el Apertura del 2002, con Ángel Cappa en el banco, que se destapó. Johan apuntaba para crack. Lamentablemente, poco a poco se fue diluyendo y en el 2004 dejó la institución.

30 DE AGOSTO DE 1953 — EL ADIÓS DEL ÍDOLO

Se venía el Clásico y Lolo no estaba en los planes ni del técnico ni de los hinchas. Tenía 40 años, no andaba bien físicamente y para el argentino José Cuesta Silva, el titular era Manuel Arce, un joven delantero sobre el que cifraba sus esperanzas de gol. Sin embargo, en la prensa se inició una campaña para que juegue impulsada por Alfonso 'Pocho' Rospigliosi desde "La Tercera". Todo se originó en unas fotos de una práctica, en la que se veía a Lolo alternar con los suplentes. Mientras las revisaban en la redacción, uno de los periodistas hizo un comentario –"¿Lolo jugando, no se había retirado?"- que hirió a su hermano Arturo, quien se hallaba en el diario en ese momento. Según relata el propio Rospigliosi en una crónica reproducida en el libro "200 clásicos de historia", Arturo le preguntó por Lolo, quería saber cómo lo veía, y el periodista decidió armar la nota con las imágenes del 'Cañonero', quien había marcado goles en la práctica. La publicación fue un bombazo y la presión empezó a escalar. Un sector de la dirigencia merengue quería que Fernández jugara y otros no. Cuesta Silva llegó a decir que si el cañetano salía a la cancha, compraba un boleto de avión y se iba del país. El ambiente se calentó y las entradas empezaron a agotarse. La presión, contaba Pocho, era descomunal. La di-

rigencia le respiraba en la nuca a Cuesta Silva. La decisión se tomó en la víspera del partido: Lolo jugaba. Y lo hizo maravillosamente. Estaba lejos de su mejor forma, pero esa tarde marcó tres goles ante un Alianza que tenía en el arco a Heraclio Paredes y en la defensa a dos glorias vivientes: Cornelio Heredia y Guillermo Delgado. Al final, el Nacional estalló en aplausos y gritos. Lolo salió en hombros de la cancha, llorando, agradeciendo, mostrando desde su infinita humildad el verdadero tamaño de su grandeza.

31 DE AGOSTO DE 1969 — NUESTROS HÉROES DE LA BOMBONERA

Perú consiguió por primera vez clasificar a un Mundial en una Bombonera que botaba fuego, con un 2-2 inolvidable ante Argentina que agiganta aún más su hazaña. Entre los héroes de esa tarde que marcó un antes y un después en la historia de nuestro fútbol, hubo varios cremas como Héctor Chumpitaz, en camino a graduarse como el Capitán de América, Roberto Chale y Luis Cruzado, la mejor pareja de volantes vista en las canchas del país, y José Fernández, zaguero de clase mayor, ya en el crepúsculo de su carrera. El autor de los dos goles, el 'Verdugo' Oswaldo Ramírez, se convertiría en merengue al año siguiente. No estuvieron aquella vez Nicolás Fuentes, Félix Salinas, Pedro Gonzales, ni el golero Rubén Correa, todos seleccionados cremas.

SETIEMBRE

1 DE SETIEMBRE DE 1993 — MARKARIÁN, PRIMERA ETAPA

Dos años atrás había estado en Lima, pero como rival en la Copa Libertadores. Dirigía a Cerro Porteño y volvió invicto a Paraguay tras vencer 3-1 a Sport Boys y empatar a un gol con Universitario. Ahora Sergio Markarián era presentado ante el plantel merengue con la misión de alcanzar el título. El ambicioso plan que presentó a la directiva tenía un objetivo que parecía pretencioso: trabajar "para elevar el nivel profesional del futbolista peruano".

2 DE SETIEMBRE DEL 2000

El paso de Luis Alberto Carranza por Odriozola fue breve. La épica de Cerro de Pasco no sirvió para alargar su vínculo con el club y su desvinculación, de acuerdo con los directivos de ese entonces, no les generó mayor conflicto. Según declaró el dirigente Miguel Silva a El Comercio, el Beto se fue porque quería un aumento de 33% en su remuneración. "Eso significaba cancelar sus impuestos y eso no estaba a nuestro alcance". La 'U' le sirvió para relanzar su carrera y se fue a Europa a jugar al Dundee de Escocia.

3 DE SETIEMBRE DEL 2012 — "ESTA ES MI ELIMINATORIA"

El pedido en las calles era unánime: Rainer Torres debe estar en la selección. Sergio Markarián, el técnico, no oía o miraba para un costado. El 'motorcito' no era más el perseguidor impenitente, de marca asfixiante de sus inicios. Los años lo habían hecho más sabio con el balón y se había transformado en un rompelíneas fenomenal que cambiaba el destino de los partidos de ese joven Universitario. El uruguayo, a través de sus voceros, afirmaba que tenía otros jugadores en ese puesto. Hasta que un día cedió y Torres volvió a ponerse la blanquirroja. "Esta es mi eliminatoria, no la otra", le dijo a El Comercio, sabedor que, a sus 32 años, era complejo seguir jugando al mismo ritmo para Rusia 2018. El 'Pitbull', su otro nombre de combate, se tenía fe. Lamentablemente una inesperada lesión lo sacó del plantel.

4 DE SETIEMBRE DE 1949 — LA HUIDA

Fue el año del 9-1 vergonzoso y de otro 5-0 igual de humillante. Pero lo que la mayoría olvida es que el siguiente clásico se pintó de crema y no concluyó en el tiempo reglamentario. Los diarios de la época recuerdan que ganaba la 'U' 2-1 cuando el 'Mariscal' Da Silva le cometió una falta al 'Feo' Salinas. Los aliancistas reclamaron penal y el árbitro, que en un principio había señalado el punto blanco, cambió de parecer tras consulta con su asistente. ¡Tiro libre! Se armó un barullo terrible, los blanquiazules insistían, mientras el árbitro no daba su brazo a torcer. ¡Nos vamos!, dijeron los íntimos y aunque sus directivos trataron de convencerlos, no hubo forma. A falta de 20 minutos, el partido se dio por concluido. Los puntos eran para Universitario.

5 DE SETIEMBRE DE 1993 — DESPEDIDA CON EMPATE

Mientras Paraguay enfrentaba a Perú en Lima, Argentina era vapuleada en su casa ante Colombia. Un triunfo les abría las puertas del repechaje a los guaraníes, pero la selección jugó su mejor partido y se despidió de esas eliminatorias de horror con un empate 2-2. Juan Reynoso, José Carranza y Ronald Baroni fueron los cremas que impidieron que los paraguayos tentaran una posibilidad más de ir a Estados Unidos 94.

6 DE SETIEMBRE DE 1978 — SE QUEDÓ EN PROMESA

Gustavo Vassallo era un delantero prometedor, impetuoso, técnico, nacido en las canteras de Sporting Cristal, que en la temporada 2000 sorprendió al ser vendido al Niza de Francia. Nunca despegó y tras un breve paso por el Palermo de Italia volvió al Perú y en el 2007 apareció en Ate, cuando el técnico era Jorge Amado Nunes. Jugó al lado de Johan Fano y Piero Alva, anotó 5 goles, tampoco dio fuego. Ricardo Gareca, quien terminó dirigiendo esa temporada, lo siguió tomando en cuenta, aunque solo como alternativa para refrescar el ataque.

7 DE SETIEMBRE DE 1988 — EL PEOR RIVAL POSIBLE

En la segunda ronda de la Libertadores tocó el peor rival: el poderoso América de Cali, tres veces finalista consecutivo del torneo, que dirigía el doctor Gabriel Ochoa Uribe. La crema dio pelea en el Pascual Guerrero y aunque el local se fue con la victoria (1-0, tanto del 'Pitufo' Anthony de Ávila), quedó la sensación de que en Lima era posible derribar al gigante. En ese equipazo colombiano destacaba un flaco alto,

implacable frente a las vallas contrarias. Se llamaba Ricardo Gareca.

---

8 DE SETIEMBRE DE 1973 — LA CREMA DEL 'CHINO'

José Pereda se formó en las divisiones inferiores del club, pero su mejor nivel lo alcanzó en 1997, cuando se afirmó en la volante de la selección y marcó el golazo con que Perú venció a Colombia en Barranquilla y volvió a la carrera por la clasificación al Mundial de Francia 98. El 'Chino' era un volante de contención impetuoso, con fútbol, que entregaba bien la pelota. Su desempeño en el Apertura 98, con Osvaldo Piazza en el banco, le permitió irse a Boca Juniors a mitad de año, donde fue parte del histórico plantel dirigido por Carlos Bianchi que se cansó de ganar títulos en Argentina, Sudamérica y el mundo.

---

9 DE SETIEMBRE DEL 2009 — NO ALCANZÓ EL 'MOTORCITO'

En tiempos en que era costumbre protagonizar papelones, la selección sumó uno más a su triste historial en Puerto La Cruz, al caer por 3 goles a 1 con Venezuela. El equipo de Chemo del Solar, herido de muerte tras el escándalo en el hotel Golf Los Incas, volvió a ser un cuadro opaco y vulnerable, que poco pudo hacer ante la sorprendente formación llanera. Rainer Torres, el incansable 'motorcito', fue el solitario representante crema en esa jornada.

10 DE SETIEMBRE DE 1981 — ÉRASE UNA VEZ UN TANQUE

Germán Denis llegó a finales de agosto del 2018, casi pisando los 37 años, con una misión: darle gol a la 'U' para salvarla del descenso. Las camisetas de Independiente, Colón, Nápoli, Atalanta, Lanús y la selección argentina eran parte de su frondoso pasado. Se acomodó rápido al equipo del chileno Córdova e hizo lo suyo: goles. Guerrero, encarador, solidario, las estrecheces del club no le hicieron mella y aunque se lo acusó de marcar solo de pelota parada, el hincha siempre reconoció su entrega. A mediados del 2019, en medio de una nueva crisis institucional, aceptó una propuesta de Reggina de la serie C italiana. En un año marcó 16 goles en 32 partidos.

11 DE SETIEMBRE DE 1994 — HASTA LA VISTA 'TRI'

Luego de un comienzo de año repleto de expectativas, la controversial eliminación de la Libertadores y la renuncia de Sergio Markarián hicieron que el año de la 'U' se fuera por el despeñadero. Aun así, el bicampeón intentó levantar cabeza, pero el Sporting Cristal de Juan Carlos Oblitas resultó oponente de peso. En el partido que defendía el destino de ambas escuadras, los celestes ganaron 1-0 (gol de penal de Julinho) que en la tabla equivalía a ocho puntos de diferencia. El indescifrable juego de los hombres dirigidos por Manuel Gregorio Keosseián pudo haber tenido otra suerte si es que Jorge Amado Nunes no echaba a la tribuna un disparo desde los doce pasos y no erraba luego otra situación inmejorable. Dolmo Flores también envió un disparo venenoso a un palo. Sin fútbol, y sin suerte, la 'U' abandonó el camino del 'tri'.

12 DE SETIEMBRE DE 1993 — ¿MARKARIÁN O LOS REFERENTES?

Chimbote, el rival era Deportivo Sipesa, un cuadro que se había hecho poderoso por el sostén de un grupo empresarial ligado a la pesca. Era el primer partido de Sergio Markarián y en la charla técnica les pidió a los jugadores no arriesgar. "Ustedes deben saber que a veces, cuando no se puede ganar, es mejor no perder el partido", reconstruye Juan Carlos Chávez en "Los años maravillosos". Las palabras del uruguayo, sin embargo, cayeron en saco roto, según Chávez. "Hoy no vamos a salir a especular ni a esperar, hoy salimos a ganar", habría dicho el 'Puma' Carranza, quien con Roberto Martínez alentaba salir con todo. El equipo cumplió la orden de sus referentes y se trajo un valiosísimo triunfo gracias a una anotación de Tomás Silva. Sobraron las sonrisas, pero los resquemores empezaron a crecer en la interna. El técnico y el plantel no habían hecho clic.

13 DE SETIEMBRE DE 1964 — DIMAS ESTUVO INMENSO

El clásico lo ganó la 'U', el gol lo marcó Alejandro 'Pelé' Guzmán (tras un buen servicio de Nicolás Fuentes), pero Dimas Zegarra fue la figura. El larguirucho cuidapalos merengue le puso candado a su arco y hasta le atajó un penal a Rostaing, robándose los aplausos de la hinchada que esa tarde acudió al Nacional. El triunfo fue el primero del técnico Marcos Calderón en un clásico.

14 DE SETIEMBRE DE 1988 — NOS ELIMINASTE, FLACO

Por esos años, el fútbol era una burbuja para un pueblo asolado por el terrorismo y la hiperinflación. Veinticinco mil personas acudieron al Nacional en busca de ser testigos de un milagro: que el querido pero empobrecido Universitario de Deportes derrumbara a los poderosos diablos rojos caleños. En la cancha hubo pelea, y de las bravas. Juvenal Briceño y Pedro Requena pusieron los goles para el equipo de Oblitas; pero un argentino letal acabó con las esperanzas de clasificación. Esa noche, el flaco Gareca no perdonó. América de Cali clasificó a la siguiente ronda.

15 DE SETIEMBRE DE 1992 — ¿'BALÁN' ALEMÁN?

"Yo no di ningún permiso y hablé con la directiva para que lo retuviesen". La molestia de Iván Brzic tenía un destinatario: Andrés 'Balán' Gonzales. El ariete había desaparecido de Odriozola para viajar a Alemania y probarse en un club que acababa de ascender a la Bundesliga, el Bayern Underger. El serbio no tenía ninguna información oficial sobre el destino de 'Balán' y dijo que era un jugador muy importante "aún en el banquillo". A nueve fechas del fin del torneo, prescindir de un jugador era absurdo, refirió el técnico. El delantero, que había perdido el titularato por el arribo de Juan Carlos Letelier, terminó regresando al país. Al año siguiente volvió a partir, ahora con destino al Betis de Sevilla.

16 DE SETIEMBRE DE 1949 — EL QUERIDO 'TRUCHA'

Le decían 'Trucha' porque era delgado y escurridizo. Contaba Juan Carlos Oblitas que "los defensas odiaban enfrentar a Percy, porque además de su habilidad y olfato de gol, pegaba mucho. Era tan vivo que chocaba y siempre se 'la dejaba' a los rivales. Por eso no tuvo problemas para triunfar en el exigente y entonces durísimo fútbol argentino". Llegó a la 'U' jovencito, de solo 16 años. En 1967 ya era titular y se quedó ahí alternando con Enrique Casaretto, Juan José

Muñante, Ángel Uribe, Oswaldo Ramírez, Héctor Bailetti y el 'Ciego' Oblitas. Ganó cinco títulos con la crema (1967, 1969, 1971, 1974 y 1982), además de integrar el equipo que subcampeonó en la Libertadores de 1972.

17 DE SETIEMBRE DE 1996 — LOLO SE HIZO INMORTAL

Llevaba siete años internado en la clínica Maison de Santé, en el Centro de Lima. Derrames cerebrales, bronconeumonías, las secuelas de sus operaciones de cadera habían deteriorado la salud de Lolo Fernández, quien se mantenía bajo el cuidado de Felícita Ruíz de Bohl, su infatigable enfermera. Antes que el alzheimer lo consumiera, cuentan que salía a almorzar a los alrededores del sanatorio, que hacía chistes, se tomaba fotos con quienes lo reconocían. Su salud siguió deteriorándose y el martes 17 de setiembre, a las 3 p.m., el romperredes incansable se hizo inmortal. Teodoro Oswaldo Fernández Meyzán tenía 83 años. El inmenso goleador de la redecilla negra nos había dejado.

18 DE SETIEMBRE DE 1996 — LA DESPEDIDA

Estaban sus amigos, esos a los que nunca llamó rivales como Cornelio Heredia y Tito Drago. También su compadre Toto y el inmenso José Soriano. Y con ellos, miles que nunca lo vieron jugar, que solo escucharon sus historias o las leyeron admirados, y que aprendieron a idolatrarlo. El cuerpo de Lolo Fernández fue llevado al Estadio Nacional y al estadio que lleva su nombre para que su gente, su equipo, su familia, sus hinchas lo despidan. El féretro ingresó en silencio a la cancha y una vez dentro, los aplausos explotaron, seguidos de los gritos de "¡ohhhh, Lolo no se va, Lolo no se vaaaa...!". Allí le rezaron, le pidieron, le repitieron que lo querían, antes de su último viaje al cementerio Parque del Recuerdo, en Lurín. Así despidieron al 'Cañonero' humilde y generoso, al verdadero dueño del gol.

19 DE SETIEMBRE DEL 2007 — LOS ERRORES DE 'GEPETTO'

Un o-o de fútbol pobretón concentra las críticas en Julio Carlos Gómez, el técnico paraguayo que fungía de asistente de Jorge Amado Nunes y quedó a cargo del equipo ante la partida del 'Cenizo'. Sus continuos cambios de estrategia y sus decisiones sin norte retumbaron durante esa jornada cuando la 'U' en lugar de ir a la ofensiva, recibió en su casa al Alianza Atlético como si jugara ante el United o el Barcelona. Luego de calentar banca durante 65 minutos, Mayer Candelo ingresó a la cancha con la misión de enmendar tanto desatino, pero la acumulación de errores hizo imposible cualquier mejora. El popular 'Gepetto' empezaba a transitar sus últimos momentos en Ate.

20 DE SETIEMBRE DE 1970 — GOLEADA HISTÓRICA

Este partido no habría pasado a la historia de no mediar el marcador escandaloso con que terminó. Universitario venció al modesto Atlético Torino de Talara 9-0 en un encuentro válido por el Torneo Descentralizado. Los goles fueron anotados por Víctor Calatayud (3), Percy Rojas (2), Enrique Rodríguez (2) Oswaldo Ramírez y Luis La Fuente. Aquel equipo era dirigido por Roberto Scarone y tuvo esa noche en sus filas a Rubén Correa; Julio Luna, Héctor Chumpitaz, Luis La Fuente y Nicolás Fuentes; Roberto Chale, Luis Cruzado, Víctor Calatayud, Enrique Casaretto, Percy Rojas y Oswaldo Ramírez. Fernández y Rodríguez ingresarían después.

21 DE SETIEMBRE DE 1975 — LAS PUÑALADAS DEL 'CALATO'

El año que había empezado entre sonrisas ya en junio se tornaba espantoso. Los intentos del Gobierno de ahogar a los clubes profesionales hicieron mella en Odriozola y la tesorería se quedó sin dinero para pagar a los jugadores. El plantel se declaró en huelga el 19 de junio y luego en setiembre. En la octava fecha del torneo debía enfrentar a Juan Aurich, en Matute, pero los jugadores insistían en no jugar. La intervención de la Asociación Deportiva de Fútbol Profesional permitió que el encuentro se disputara y el resultado fue terrible. Universitario sufrió una de sus peores goleadas al caer 6-1 ante los chiclayanos. Cadenillas, Bolívar en dos ocasiones y tres puñaladas del querido Víctor Calatayud redondearon la faena norteña. 'Crítico' Zevallos descontó para los merengues.

22 DE SETIEMBRE DE 1991 — CON 'BALÁN' BASTA

El Nacional no estaba repleto. Bueno, eso al menos decía la taquilla oficial (36,197 espectadores). La 'U' de Brzic enfrentaba a su rival de toda la vida con José Carranza y Juan Carlos Bazalar en la contención, Roberto Martínez y 'Puchungo' Yáñez en función creativa y Oswaldo Araujo con Andrés Gonzales con la misión de hacer daño en la defensa íntima. El partido fue duro, áspero, como es costumbre en los clásicos. De tanto pugnar, la muralla aliancista se vino abajo a los 71'. El gol de 'Balán' bastó para celebrar.

23 DE SETIEMBRE DE 1928 — EL PRIMERO A LOS BASTONAZOS

En su primer torneo oficial, la joven Federación Universitaria enfrentaba al poderoso Alianza Lima, ganador de tres títulos (1918, 1919 y 1927) y dueño de gran popularidad entre los aficionados de ese entonces. El partido lo ganó el cuadro estudiantil con gol de Pablo Pacheco, a los 7' de iniciado el compromiso, pero la victoria quedó opacada por lo que sucedió sobre el final. El árbitro, el uruguayo Julio Borrelli, tuvo que suspender el encuentro porque el cuadro victoriano se quedó con seis jugadores (por expulsión de Quintana, Miguel y Juan Rostaing, Villanueva y Soria) a causa del juego fuerte. Cuando los íntimos abandonaban el campo, recibieron insultos desde las graderías, generándose una enorme gresca en la que los aficionados de la federación arrojaron sus bastones sobre los jugadores. Fue por eso que este primer enfrentamiento recibió el el nombre de "clásico de los bastonazos". El once que dirigía, y capitaneaba, Mario de las Casas estaba integrado por Jorge Alba, Abraham Rubio, Alberto Denegri, Plácido Galindo, Eduardo Astengo, Luis de Souza Ferreira, Juan Ruiz, Jorge Góngora, Francisco Sabroso y Pablo Pacheco.

---

24 DE SETIEMBRE DEL 2011 – EL CLÁSICO MÁS TRISTE

Se había ganado el clásico a nuestro estilo: guerreando, remando, sufriendo. En el minuto 91, el 'Orejas' había limpiado la cancha por la derecha, siguió el camino de su zurda y la cedió la pelota a Morel que entraba por el medio. El argentino la empalmó casi sin respirar y esta, tras desviarse en Fleitas, venció a Forsyth, que desde el suelo no pudo hacer nada para defender su valla. Mientras el Monumental estallaba por el 2-1, unos hinchas divisaron a un muchacho con camiseta blanquiazul en un palco en Occidente. Fueron a buscarlo, se armó una gresca y arrojaron al chico al vacío. Su cráneo se quebró contra el piso. El muchacho se llamaba Walter Oyarce y desde ese momento los motivos para celebrar se esfumaron. Casi cinco años después, tras

un accidentado proceso, la Corte Suprema sentenció a David Sánchez Manrique Pancorvo 'Loco David' y José Luis Roque Alejos 'Cholo Payet' a 25 años de prisión.

25 DE SETIEMBRE DE 1993 — DOBLETE DEL 'MATADOR'

Micky Rospigliosi fue uno de los primeros periodistas en ponerle el ojo a Ronald Baroni. Era el amanecer de la década del 90, el 'Matador' jugaba en el O'Higgins de Chile y, gran detalle, aunque tenía padres argentinos, había nacido en Perú. En la 'U' decidieron repatriarlo y se convirtió en uno de los baluartes del bicampeonato 92-93. Uno de los partidos que agrandó su figura fue ante Sporting Cristal. Era un definidor nato y así lo demostró esa noche en el Nacional: primero aprovechando una pelota que había quedado dando botes en el área chica rimense y luego tomando un centro largo, al cual Jorge Amado Nunes no había podido llegar, para fusilar a Miguel Miranda. Universitario venció 2-1.

26 DE SETIEMBRE DE 1993 — ASÍ 'MATABA' RONALD

En un mundo sin internet, la prensa de papel era crucial para la comunicación con el hincha y esa mañana coincidía en elogiar a un hombre: Ronald Pablo Baroni. Bautizado como el 'Matador', el delantero merengue había sido actor principal de la película del triunfo sobre Sporting Cristal, con un 2-1 que supo a poco frente a la superioridad estudiantil. El ex O'Higgins chileno marcó las dos conquistas y Jorge Soto hizo menos vergonzoso el tanteador para los celestes. ¿Qué destacó el periodismo de Baroni? Su actitud, su persistencia, su búsqueda de ir siempre para adelante, así debiera llevarse el mundo encima. Con 26 unidades, la 'U' miraba al resto desde bien arriba y el delantero se hacía dueño del favoritismo de la hinchada. Temporada maravillosa.

27 DE SETIEMBRE DE 1970 — PERCY VALE POR 3

Ese año, Universitario hizo más goles que nadie: 69, tuvo a uno de los goleadores del torneo: Percy Rojas, con 13 tantos... y no fue campeón. Perdió el título por un punto a manos de Sporting Cristal. En una de esas tantas jornadas felices, venció 6-0 al débil Carlos A.Mannucci de Trujillo. Percy Rojas marcó tres goles.

28 DE SETIEMBRE DE 1952 — UN CONSUELO ANTE MUNI

El torneo de 1952 fue uno de los más flojos del club. Ganó siete partidos y perdió 9, marcó 36 goles y recibió la misma cantidad. Al final, ocupó la sétima colocación con 16 unidades, a 11 del campeón Alianza Lima. El 28 de setiembre consiguió una de sus pocas victorias: 2-0 sobre Deportivo Municipal, con goles de Alberto Terry y Jorge Lámbarri.

29 DE SETIEMBRE DEL 2019 — FUIMOS 59 MIL ESA TARDE

Avanzaba el Clausura 2019 y a la 'U' le sonreían los triunfos, los puntos y el fixture. Ganar el Clásico era vital para mantenerse arriba y el hincha no desatendió el pedido. Esta tarde, 59 mil personas acudieron al Monumental dispuestas a sufrir. También a alentar hasta quedarse sin voz. En la cancha 14 hombres comprendieron el mensaje. Un desborde de Alejandro Hohberg y el ingreso providencial de 'Chiquitín' Quintero le dieron forma. La 'U' ganó el Clásico como en

los viejos tiempos: metiendo, guerreando y con angustia. El hincha agradecido. Hasta esa fecha, el futuro se veía con felicidad.

30 DE SETIEMBRE DE 1956 — SIEMPRE HAY UNA PRIMERA VEZ

Es difícil establecer cuándo se inició la rivalidad ante Sporting Cristal. Algunos creen que fue a finales de los 70, cuando Chumpitaz, Oblitas, el Trucha y 'Cachito' se fueron al Rímac. Otros que fue recién a inicios de los 90, con la transformación del club impulsada por Francisco Lombardi desde la dirigencia. Del primer enfrentamiento no hay dudas: Cristal, antes Tabaco, había sido fundado en diciembre de 1955. La primera vez que Universitario lo enfrentó fue en el Nacional, una tarde en la que los rimenses llevaron la iniciativa. Abrieron la cuenta a través de Raúl Martínez, empató el 'Chino' Daniel Ruiz, Enrique Vargas rompió la paridad y nuevamente Ruiz puso el 2-2 definitivo. Esa temporada, la 'U' acabaría en el cuarto lugar, mientras que los bajopontinos obtendrían su primer campeonato.

OCTUBRE

---

1 DE OCTUBRE DE 1939 – LOS TRES CAÑETANOS

El rival no era uno de los grandes, pero hay una circunstancia que hizo especial el encuentro ante el Córdoba. Ese día alinearon con la crema tres hermanos Fernández: Arturo, Lolo y Eduardo, el menor. El partido culmina 4-0 con dos de los cañetanos como protagonistas: Lolo marcó dos tantos y los otros fueron obra de Eduardo, quien así empezaría a forjar su propia leyenda. Por algo lo apodaron Lolín.

---

2 DE OCTUBRE DE 1933 – EL ESTRENO DE LOLO

Solo un día después de haber jugado contra el Bohemians, el 'Combinado del Pacífico' volvía a pisar un campo de juego, ahora en Belfast. El rival era el Glentoran, bicampeón de la liga irlandesa (1930-31), que se puso en ventaja a los pocos minutos de iniciado el segundo tiempo a través de un penal convertido por Carrigan. Los sudamericanos reaccionaron de inmediato con un balazo de Lolo Fernández, después de un tiro de esquina servido por Mario Pacheco. El estreno europeo del 'Cañonero' vislumbraría lo que vendría después: 27 goles en 31 partidos.

3 DE OCTUBRE DE 1982 — VOLVIERON LOS GOLES DEL 'TRUCHA'

Acababa de volver de Bélgica dispuesto a quemar sus últimos cartuchos con el club que lo encumbró y quiso como a nadie. Percy Rojas ya no era tan veloz como en sus inicios, pero mantenía el olfato y la maña para hacer daño al rival. Ese día apareció como en sus mejores tiempos marcando los dos goles con que la 'U' venció 2-1 a Cristal. El 'Trucha' marcaría 9 goles fundamentales para alcanzar el campeonato de ese año, el sexto con su camiseta más querida.

4 DE OCTUBRE DEL 2018 — LA RESURRECCIÓN

La baja había dejado de ser un fantasma y se acercaba amenazante, casi sin oposición. Todo cambió esa noche de sábado. El pueblo crema respondió a la convocatoria en el Nacional y empujó desde las graderías un triunfo que fue construido a punta de empeño, coraje y, cómo no, algo de suerte, soportando el miedo que metió Huancayo en la segunda etapa. La solitaria conquista la marcó Germán Denis,tras un tiro libre de Jersson Vásquez que tras dar en el travesaño y rebotar en el arquero, dejó la bola a merced del frentazo del argentino. Fue el inicio de la resurrección.

5 DE OCTUBRE DE 1984 — GASTÓN, EL BREVE

Gastón Sangoy tenía 21 años cuando llegó a la 'U'. Jugó menos de 30 partidos entre enero y junio del 2006, sin embargo, el hincha lo recuerda con cariño y, por mucho tiempo, soñó con su retorno por su entereza y sus goles (marcó 9). Jugó la Copa Libertadores de ese año y se marchó a Colombia fichado por Millonarios. Luego ha jugado en España, Chipre, Israel, Catar, Polonia y la India. No faltó el año en que se especuló con su regreso. Sangoy no volvió más al Perú.

6 DE OCTUBRE DE 1906 — EL MUNDIALISTA

Lima lo vio nacer este día, cuando la ciudad era surcada por acequias y en las calles convivían caballos y carruajes. A Luis Souza Ferreira Huby se lo recuerda más como el primer anotador peruano en la historia de un Mundial de fútbol (Rumania 3, Perú 1; mundial Uruguay 30), olvidándose que fue parte del plantel que consiguió la primera estrella crema en 1929, al lado de Mario de las Casas, Jorge Góngora, Eduardo Astengo, Plácido Galindo, Pablo Pacheco. Potente wing izquierdo, fue parte del 'Combinado del Pacífico'. Lo curioso es que Souza Ferreira no pudo jugar partido alguno al ser atacado por una apendicitis en pleno viaje, de la que sobrevivió milagrosamente.

7 DE OCTUBRE DEL 2007 — EL 'TIGRE' SE PONE LA CREMA

No conocía aún a sus nuevos dirigidos, por eso el o-o con Bolognesi -que era puntero y tenía a Juan Reynoso en el banco- no supo a mucho. Aunque se jugó en Tacna, quedó la sensación que Universitario pudo haber hecho más daño de haberlo querido. Pero fue empate y la crema quedó a cinco puntos del líder. Ricardo Gareca empezó a sacar conclusiones que luego le sirvieron de mucho, sobre todo en la primera parte del 2008, cuando la 'U' se hizo intratable.

8 DE OCTUBRE DE 1927 — DON JUAN EDUARDO

Juan Eduardo Hohberg no es solo "el abuelo de Alejandro", como lo conocen los hinchas más jóvenes. Nacido en Córdoba, fue estrella de Peñarol y seleccionador del Uruguay semifinalista de México 70. Llegó a la 'U' cuatro años después para dirigir la mejor campaña del club en su historia. Esa temporada, la crema se mantuvo 36 partidos invicta, prácticamente todos sus jugadores hicieron goles (desde Eleazar Soria hasta el juvenil Juan José Oré) y ganó el título al galope. Ballesteros, Rubiños, Chumpi, Cuéllar, Techera, Carbonell, Aparicio, Peralta integraban ese equipazo que tenía una delantera demoledora: Percy Rojas, Cachito Ramírez y Juan Carlos Oblitas. Pero don Juan Eduardo había entrado mucho antes a la historia. Lo hizo el 30 de junio de 1954, en el Mundial de Suiza, cuando a falta de cuatro minutos para el final, puso el 2-2 uruguayo ante los magos húngaros de Kocsis, Puskas y Hidegkuti. El "Hoooohberg... Hoooohberg" en la voz sollozante de Carlos Sole de Radio Splendid, aún conmueve en las repeticiones en youtube. Después de marcar, el uruguayo se desvaneció. Su esfuerzo no alcanzó para evitar la derrota. En el Perú, con la crema, volvería a reencontrarse con la gloria.

9 DE OCTUBRE DE 1961 — CUANDO LEO ERA SOLO LEONARDO.

Antes de ser Leo, Leonardo Rojas era un joven puntero derecho venido del Sport Boys que intentaba hacerse un lugar en ese once sin estrellas que era la 'U' de 1981. Después de mucho intentar, encontró su sitio de la mano de Roberto Scarone, quien le pidió que retrocediera unos metros y se transformara en lateral. Con más espacio para irse arriba, tiempo para levantar la cabeza y meter centros venenosos, Leonardo se convirtió en Leo y se hizo insustituible. La cinta de capitán fue suya y el paso a la selección un mero trámite. Por años, fue el gran capitán merengue, hasta que en 1991 Juan Carlos Oblitas se lo llevó a Sporting Cristal. Fue un golpe durísimo, casi una traición.

10 DE OCTUBRE DE 1993 — MEDIO GOL DE NUNES

Iba a patear un tiro de esquina Roberto Martínez y desde Sur le arrojaban contómetros, papeles, no lo dejaban tranquilo. El 8 crema refunfuñaba, levantaba los brazos. El juez Alberto Tejada se acercó a conversar con él y el capitán accedió a cobrar la falta. Lo hizo sin mucha convicción y la pelota fue rechazada sin problemas. La bola quedó cerca del área grande y la tomó Charún, se la devolvió a Roberto y este, ya más animado, amagó hacia adentro, mientras Nunes le enseñaba el carril derecho. El pase de zurda del 'Capi' fue en busca del paraguayo quien, metido en el área, aguantó a Valencia con el hombro, dio la media vuelta y sacó un zurdazo cruzado que golpeó el parante izquierdo del arco del ecuatoriano Espinoza. La pelota fue hacía el medio del área chica y allí, empinándose, Baroni puso la frente en medio de un mar de camisetas blanquimoradas. El 'Matador' corrió a Occidente a celebrar su gol -a la postre, el único del partido-, pero Reynoso, Charún, el 'León' Rodríguez fueron a buscarlo al Nunes. El 'Viejo' había hecho un jugadón. Medio gol era suyo.

11 DE OCTUBRE DE 1933 — LAS 'URRACAS' NO PERDONAN

Dice Efraín Trelles que a poco de iniciarse el partido, Juan Valdivieso avisó que no jugaría –acusaba un fuerte resfriado-, y, citando al enviado especial de "La Crónica", el equipo se "desmoralizó". El 'Combinado del Pacífico' debía enfren-

tar al Newcastle inglés y este contratiempo perturbó el andar de los jugadores. A los pocos minutos de iniciado el encuentro, el local se puso en ventaja y aunque Mario Pacheco marcó el 1-1 poco después, el rumbo del partido fue directo al desastre. Las 'urracas' infligieron un terrible 6-1, que incluyó un autogol del 'Toro' Astengo.

12 DE OCTUBRE DE 1992 — DULCE 'CANCHITA'

Desde que se lo vio trotar sobre el verde, esconder la pelota y pegarle a donde quisiera, era más que obvio que su tiempo en Universitario iba a ser corto. Así fue. Christofer Gonzales estuvo en Ate solo tres temporadas y media (2012-2015), las suficientes para festejar un título (2013) y saber lo que es vivir en un equipo grande lleno de vicisitudes institucionales. Heredero de la elegancia de Gustavo Grondona, tras su venta a Colo Colo de Chile hubo amagos para traer a 'Canchita' de regreso, pero los problemas económicos del club lo impidieron.

13 DE OCTUBRE DE 1985 — ORO DESDE TACNA

Nueve empates sumó Universitario en la fase regular del Descentralizado 85, uno de ellos ante Coronel Bolognesi en Tacna, equipo que solía hacerse fuerte en su casa. Allí la crema empató 2-2, obteniendo un valioso punto que le sirvió para continuar galopando en el torneo. Luego, en la liguilla final, la crema de Marcos Calderón alcanzaría la punta y el campeonato.

14 DE OCTUBRE DE 1953 — EL ÚLTIMO LOLO

A diferencia de lo que muchos creen, Lolo Fernández no jugó el último partido de su carrera el 30 de agosto de 1953, cuando Universitario venció 4-2 a Alianza Lima con tres goles suyos. El cañetano se retiró un mes y medio después, en el mismo Nacional, ante el humilde Centro Iqueño. El estadio no estaba repleto ni tampoco existía la euforia que había desatado en el clásico, pero la decisión estaba tomada. Fue la última vez que Lolo se vistió de crema oficialmente. Estuvo en el campo apenas 6 minutos, tras lo cual dejó su lugar a Manuel Arce. Esa noche, la 'U' venció 5-2. No fue el único encuentro de la jornada. A manera de preliminar, la selección de Hualcará se enfrentó a un combinado integrado por los Olímpicos del 36, quienes le rindieron homenaje al histórico goleador. Durante su paso por Odriozola, Lolo marcó 345 goles en 397 partidos entre oficiales (161) y amistosos (184). Fue goleador del torneo local en siete ocasiones (1932, 1933, 1934, 1939, 1940, 1942 y 1945) y marcó 29 tantos en 48 clásicos jugados.

15 DE OCTUBRE DE 1997 — A CASA, TOLIMA

La Copa Conmebol era un torneo consuelo para quienes no habían podido acceder a la Libertadores. En esa edición, Universitario hizo los deberes hasta donde pudo. Eliminó a Técnico Universitario de Ecuador en primera ronda y en segunda enfrentó al Deportes Tolima de Colombia. La ida fue derrota por 1-0 que en el Nacional se pudo revertir. Paolo Maldonado y el paraguayo Francisco Ferreira, tras un rechazo corto del golero visitante, le dieron la clasificación a la crema a semifinales, donde enfrentaría a Atlético Mineiro.

16 DE OCTUBRE DE 1980 – LA ÚLTIMA VEZ DE DON ROBERTO

El último ciclo de Roberto Scarone en Universitario empezó tras una emergencia. La crema andaba muy mal en el Descentralizado y Alejandro Heredia, quien con Roberto Chale había tomado el equipo en agosto, no lograba enderezar su rumbo. El uruguayo llegó con el cargo de 'supervisor técnico', pero poco pudo hacer. La 'U' acabó en el noveno lugar con 28 puntos, a 13 del campeón Sporting Cristal. Al año siguiente, la campaña mejoraría y en 1982, Scarone llevaría al club al título, rompiendo ocho años de desesperante sequía.

17 DE OCTUBRE DE 1993 – GANAR JUGANDO MAL

El campeón podía permitirse jugar mal a veces y eso fue lo que hizo la crema del 'Mago' Markarián ante Unión Huaral, un equipo que buscaba sobrevivir en Primera, antes que recuperar el brillo de sus mejores años. La construcción del 3-1 final tuvo en Tomás Silva un eficaz atacante que abrió una zaga que, desde que abandonó el camarín, se sabía indefensa. Marcelo Asteggiano de cabeza, Juan Reynoso desde el punto de penal y el propio Silva marcaron para los cremas. El 'Tuta' Rehder, fino volante de breve pasado español, marcó el descuento.

18 DE OCTUBRE DE 1994 – ESTA TIERRA ES NUESTRA

Habían pasado tres años desde la colocación de la primera piedra y el Monumental solo existía en planos. Dos inconvenientes habían retrasado la construcción: la propiedad del terreno (pertenecía a un tercero) y la zonificación, ya que dentro de los planes de la ciudad, se había previsto que sobre esa superficie se desarrolle un parque zonal. La dirigencia tuvo que realizar una serie de trámites ante la Municipalidad de Lima para cambiar el uso del terreno, mientras se gestionaba la obtención del dinero. Este se consiguió a través de Gremco, constructora que se encargaría de la edificación del coloso. Así, el día que vencía el plazo para adquirir el terreno, se concretó la transacción. Fueron US$2'145.536 que se pagaron al propietario, Eugenio Ísola Cambana.

19 DE OCTUBRE DE 1997 — ¿SE ACUERDAN DE OCHOAIZPUR?

En los ocho meses que estuvo en el club, Fernando Ochoaizpur se caracterizó por su reciedumbre. El volante argentino, naturalizado boliviano, solía ir a cada jugada con los tapones de punta, lo que hizo que acumulara una poco envidiable colección de tarjetas amarillas y rojas. Esa tarde, en el Cusco, Ochoaizpur jugó su último partido con la crema en un torneo local. No fue una despedida feliz. Un autogol del 'Puma' Carranza le dio el triunfo a los cusqueños. Esa temporada, pese a ser el segundo en el acumulado, Universitario no clasificó a la Copa Libertadores. Sporting Cristal ocupó ese lugar al ganar una liguilla. Ochoaizpur, en tanto, siguió su carrera en México.

20 DE OCTUBRE DE 1985 — LOS DIFÍCILES ESPARTANOS

En el banco estaba Marcos Calderón, y el plantel lo integraban veteranos de lujo como Ramón Quiroga y Juan Carlos Oblitas, así como Luis Reyna, Javier Chirinos, Leo Rojas, Freddy Ternero, Fidel Suárez, Samuel Eugenio, Jaime Drago, Miguel Seminario y Eduardo Rey Muñoz. La 'U' jugaba con Los Espartanos, un club recién ascendido de Pacasmayo,

convertido en la sensación del Descentralizado. El partido terminó empatado a un gol por bando.

21 DE OCTUBRE DEL 2017 — LA TARDE DE ALEXI

Era favorito Garcilaso. Tenía plantel, mejor juego y la altura cusqueña del lado. Por eso no extrañó que Carlos Cáceda se convirtiera en figura rápidamente, echando al córner los bombazos que recibió sin misericordia. No obstante, cuando Joazinho Arroé abrió la cuenta con un cabezazo, los pesimistas hicieron su aparición. Hasta que Alexi Gómez fabricó un penal que cambió por gol y luego, tras robarle una pelota a un defensa, corrió como si estuviera en el llano y enfiló un zurdazo cruzado, desde fuera del área, que marcó el 2-1 definitivo.

22 DE OCTUBRE DE 1923 — NACE LOLÍN

El solo hecho de ser hermano de Lolo, y haber compartido equipo con él, ya hace inolvidable a Eduardo Fernández Meyzán. A pesar de la sombra del cañonero, Lolín -como lo bautizó la prensa- se hizo un nombre en base a la potencia de sus disparos, su búsqueda permanente del gol y, sobre todo, por los seis tantos que marcó en la valla de Teódulo Legario el 14 de abril de 1946, cuando la 'U' ganó el clásico 6-2. Estuvo con la crema en dos períodos: 1939-1947 y 1951-1955.

23 DE OCTUBRE DEL 2016 — EL 'CHARAPA' POR DOS

Eran tiempos felices. La 'U' de Guastavino, Manicero, Polito, Rengifo navegaba sin problemas en lo más alto de la

Liguilla B y en el acumulado general. En el Segundo Aranda Torres de Huacho, la crema que dirigía Roberto Chale recibió a Comerciantes Unidos del uruguayo Mario Viera. El vendaval no demoró en desatarse por la rapidez para jugar por los costados, buscar las diagonales y meter pases filtrados. Pero el marcador recién se abrió a los 40', tras un penal sobre Hernán Rengifo que el 'Charapa' definió con simpleza. La visita adelantó sus líneas y generó un penal que Pérez, para felicidad merengue, marró al intentar un globito con más soberbia que precisión. Rengifo acabaría con las dudas al recibir un estupendo pase largo de Trauco, sacarse a su marcador con el cuerpo y definir con un sablazo. No hubo más que decir.

24 DE OCTUBRE DEL 2009 — 'PULGA' DE ESTRENO

Era recién su tercer partido en Primera. Juan Reynoso había empezado a darle minutos a este pequeñín que en cuanto tomaba la pelota avanzaba como un bólido y se desprendía de los rivales a pura gambeta, con un atrevimiento que no se veía así nomás. Raúl Ruidíaz tuvo que esperar 59 minutos para gritar gol por primera vez. Fue el tercero de Universitario en el triunfo sobre Melgar 3-1.

25 DE OCTUBRE DE 1970 — CHARÚN BICAMPEÓN

Limeño, debutó en la profesional con otra camiseta (la roja de Bolognesi), aunque parte de su formación la había hecho en las fuerzas básicas del club. Cuando volvió, César Charún era aún muy jovencito (apenas tenía 21 años) y no desaprovechó la oportunidad, tanto que pasó a la historia. Fue el lateral derecho del equipazo que, primero con Iván Brzic y luego con Sergio Markarián, ganó el bicampeonato

en los años 1992 y 1993. Volvió cuatro años después, aunque sin el mismo suceso.

26 DE OCTUBRE DE 1995 — SE VA JORGE AMADO

Los cortocircuitos entre Sergio Markarián y el plantel eran imposibles de ocultar. Esta vez no había intentos de acercar a las partes y se tomó una decisión drástica: separar a los cuatro jugadores paraguayos del plantel. Jorge Amado Nunes, ídolo súbito e indiscutido, debía marcharse al lado de sus compatriotas Celso Guerrero, Edgar Denis y Juan Ramón Yrala. En "Los Años Maravillosos", Juan Carlos Chávez afirma que la decisión "fue un golpe bajo" para José Carranza y Roberto Martínez, quienes le declararon la guerra a Markarián. El club seguía haciendo agua.

27 DE OCTUBRE DE 1952 — LÁGRIMAS DE UN ÍDOLO

"Fue una noche inolvidable. Por primera vez se prendieron todas las luces del Nacional y el público que repletaba las tribunas nos tributó un aplauso que hasta ahora siento aletear en mis oídos con mucha emoción". Así recordaba Lolo Fernández, el homenaje que recibió junto con el nadador Daniel Carpio y el tirador olímpico Edwin Vásquez el día que se inauguró el Estadio Nacional, obra cumbre del presidente Manuel A. Odría. Esa noche recibieron los Laureles Deportivos, el máximo galardón al que puede aspirar un deportista en el país. "Creo que los tres soltamos unas lágrimas", decía Lolo en un texto que escribió el desaparecido periodista Javier Rojas en "Enciclopedia de los campeones".

28 DE OCTUBRE DE 1973 — QUERIDO NEGRO GALVÁN

Pocos, poquísimos como él. Porque entendió sin escalas lo que significa ser jugador de Universitario. Nacido en Pontevedra (Buenos Aires), laburador sin límites en Racing, Mineiro, Santos, Argentinos Juniors, Olimpia, es sinónimo de entrega sin concesiones. Con la crema, Carlos Galván, el querido Negro Galván, era coraje, pierna fuerte, máximo sacrificio. Dolió verlo con otra camiseta en Perú por razones que algún día se conocerán con exactitud. Pero en el fondo siempre supimos que, más allá de los colores, su amor por la 'U' se mantuvo incólume. Y que algún día, ojalá muy pronto, volverá a casa, de donde nunca debió salir.

29 DE OCTUBRE DEL 1993 — UN APAGÓN Y MICHAEL JACKSON

Jugaba Universitario ante Melgar y detrás del arco sur, el inmenso estrado donde iba a realizarse el concierto de Michael Jackson seguía en pie. El rey del pop había cancelado su presentación en Lima y cada vez que la pelota daba en el escenario, la hinchada, rabiosa, recordaba al cantante entre insultos. En la cancha, la 'U' había tomado la ventaja rápidamente a través de Tomás Silva hasta que las luminarias del Nacional se apagaron. Los intentos por encenderlas fueron infructuosos y el árbitro Antonio Arnao decretó la suspensión del encuentro. El 11 de noviembre, en el mismo escenario, los equipos jugaron los minutos que restaban. El marcador no se movió.

30 DE OCTUBRE DEL 2008 — LA MOLESTIA DEL 'TIGRE'

Universitario vivía, una vez más, momentos difíciles y Ricardo Gareca, en ese entonces su director técnico, salió a

dar la cara. "Es el peor momento que he vivido desde que llegué a Universitario. Solo nos queda poner el hombro y dar pelea para llegar al título nacional", decía el 'Tigre', enfadado también porque los rumores de que ya tenía sucesor inundaban las redacciones. "Siempre se me ha cuestionado, estoy acostumbrado. No me interesa", remató.

31 DE OCTUBRE DE 1937 – ARGUEDAS SE ADAPTA

En "Seleccionario", su minucioso registro de los jugadores que alguna vez han pasado por la selección, Antenor Guerra García lo advierte: "fue parte de la inexpugnable defensa que alcanzó cuatro títulos nacionales (1959, 1960, 1964 y 1966)". Humberto Arguedas no era Chumpi ni Cruzado, pero su capacidad para adaptarse a diferentes puestos y cumplir a cabalidad, le reservaron un lugar en uno de los mejores planteles de Universitario de su historia.

NOVIEMBRE

1 DE NOVIEMBRE DEL 2000 — FELICES 50, 'PUMA'

El Estadio Nacional abría sus puertas para una nueva edición del enfrentamiento más enconado del fútbol peruano que, en esta ocasión, tenía un elemento particular: José Carranza jugaba su clásico número 50. La superioridad crema quedó esculpida en un marcador aplastante: 4-1. Los goles del ganador fueron hermosos, pero hubo uno especialmente bello. A los 26' de juego, Carranza recibió la pelota en mediacancha aliancista, levantó la cabeza y a la manera de los viejos dieces sesenteros, sacó un pase largo, medido, hacia el área grande. Gustavo Grondona se metió en diagonal entre los centrales y sin ver el arco, puso el pie abajo y dibujó un globito medido sobre la salida de Marco Flores. El 'Pelado' corrió a celebrar mientras se levantaba la camiseta para mostrar otra con el récord del 'Puma' inscrito. En la celebración se abrazaron y rieron. Eran -éramos- felices.

2 DE NOVIEMBRE DEL 2011 — UN TRIUNFO EXIGUO

El club se caía a pedazos. Una irresponsable inversión millonaria en jugadores, sin sostén financiero, había agudizado la crisis institucional. La 'U', pese a todo, logró avanzar a cuartos de final de la Copa Sudamericana y se topó con Vasco da Gama. En la ida, en el Monumental, erró demasiados

goles y al final de los 90' se fue con un 2-0 exiguo que luego le costaría caro. Raúl Ruidíaz de penal y Johan Fano, con una definición exquisita sobre la salida del golero, señalaron el triunfo que supo a poco.

3 DE NOVIEMBRE DE 1996 — PARA PONERLE UN MARKO

El rival era Municipal y la 'Cancha de los muertos' de Chorrillos el escenario. En un desabrido 0-0 debutó Marko Ciurlizza con la camiseta de Universitario. Formado en las divisiones menores de Regatas Lima e hincha de Alianza Lima, Marko fue un bullidor 'todo terreno' que llamó la atención desde su primer partido. El argentino Eduardo Luján Manera estaba en el banco aquella tarde en la que fue reemplazado por Alessandro Morán y a la que asistieron apenas 901 espectadores. El volante atrajo las miradas por su trajín incansable y su técnica para el pase. No fueron pocos los que lo distinguieron en esa tarde desangelada. Ciurlizza permaneció cinco temporadas en la 'U', hizo apenas 3 goles y fue uno de los baluartes del tricampeonato (1998, 1999 y 2000).

4 DE NOVIEMBRE DE 1988 — LE DICEN 'LA SOMBRA'

Christian Ramos no es hincha de Universitario y probablemente nunca pensó que alguna vez se vestiría de crema. En el 2013, cuando jugaba por Aurich, lanzó un tuit insultante contra el Estadio Monumental. Por eso, cuando se anunció su contratación para el Clausura 2019, el hincha lo criticó duramente. Su desempeño, además, había decrecido tras su participación en el Mundial Rusia 2018. En Ate, en contra de lo esperado, 'La Sombra' no decepcionó, aunque nunca alcanzó niveles de excelencia. Cuando se esperaba su renovación para la temporada 2020, prefirió marcharse a la UCV.

Nadie lo extrañó.

5 DE NOVIEMBRE DEL 2019 — UNA ELECCIÓN MONUMENTAL

La Conmebol dispuso que, desde el 2019, la Copa Libertadores se definiera en un solo partido. La ciudad elegida era Santiago, pero la violencia desatada a raíz de los conflictos sociales obligó a cambiar de planes y buscar un lugar adecuado para que Flamengo y River Plate diriman superioridades. Reunidos de emergencia en Luque (Paraguay), la dirigencia sudamericana descartó Asunción y Bogotá, y eligió Lima. ¿Pero dónde se jugaría si el Nacional estaba alquilado para un concierto de salsa? En el Monumental de Universitario. Coordinaciones con la federación peruana, la dirigencia crema y hasta con el propio presidente Martín Vizcarra concretaron el sueño. El 23 de noviembre, el estadio del más grande sería escenario de una final histórica.

6 DE NOVIEMBRE DE 1955 — EL SUEÑO SE ESFUMÓ

La mesa estaba servida, y por partida doble: triunfo en el clásico y una semana más en la punta. La 'U', con gol de Osvaldo Bianco, ganaba 1-0 cuando restaban menos de 20' para culminar el partido. Alianza tenía una de las mejores delanteras de su historia (Félix Castillo, Guillermo Barbadillo, Vides Mosquera, Óscar Gómez Sánchez y Valeriano López) y reaccionó como un huracán: Vides en dos ocasiones y Valeriano acabaron con el sueño merengue. Los victorianos pasaron a comandar el campeonato, que al final le ganarían a la crema en un partido extra.

7 DE NOVIEMBRE DEL 2007 — CHIMBOTE, UN MAL PASO

Ante la imposibilidad de poder usar el Monumental por razones de seguridad, Universitario tuvo que trasladarse al estadio Manuel Rivera Sánchez, de Chimbote, para recibir a Alianza Lima por el Clausura. El equipo de Ricardo Gareca se vio en problemas ante la ligereza de movimientos de los blanquiazules, que abrieron la cuenta a los 18' con una media chalaca de Junior Viza. El segundo lo puso Renzo 'Ropita' Benavides y a pocos minutos de iniciado el complemento, un zurdazo de Johan Fano acortó la ventaja. La búsqueda del empate hizo que la 'U' se descuidara atrás y luego de un preciso servicio de Reimond Manco, Acosta alargó la diferencia a los 90'. Se peleó, pero no alcanzó.

8 DE NOVIEMBRE DE 1992 — LA ÚLTIMA VEZ EN EL LOLO

Iván Brzic había llegado en el último tramo del año anterior, cuando una serie de episodios inexplicables impidieron que la crema alcanzara el título. Tipo hosco, de pocas palabras, el serbio armó un equipo muy sólido defensivamente, dueño de una contundencia que se explicaba en nombres como Ronald Baroni, Juan Carlos Letelier, Tomás Silva y Andrés 'Balán' Gonzales. Para alcanzar el campeonato, superó por apenas 3 puntos al campeón del año anterior, Sporting Cristal. Lo consiguió al vencer 4-1 a Deportivo San Agustín con goles de Ronald Baroni, César Charún, José Carranza y Tomás Silva. Fue la última vez que celebró un título en el estadio Lolo Fernández. El hincha recuerda aún la invasión del campo, cómo los jugadores fueron rodeados, abrazados, mientras gritaban que eran campeones. Inolvidable.

9 DE NOVIEMBRE DE 1988 — LA FUNDACIÓN DE LA TRINCHERA NORTE

Los viejos aficionados probablemente hayan escuchado el nombre de Rubén Benavides, un sujeto alto y calvo, siempre de boina, que asistía a los partidos de Universitario con una camiseta que llevaba una enorme 'U' bordada en el pecho. Y que en los cincuentas, luego de un humillante 8-1 endilgado por el Portuguesa de Brasil, recibiera el lapidario apodo de 'Ochoa'. Ese fanático de llamativos bigotitos fue la simiente de la hinchada organizada, que luego se hiciera oficial en 1968 con la barra Oriente. Discrepancias con quienes manejaban a este grupo generaron que una porción importante de hinchas, así como representantes de diversos barrios de la ciudad, decidieran juntarse en la tribuna Norte. Así se dio forma a la Trinchera Norte.

10 DE NOVIEMBRE DE 1984 — NACE EL NUEVO 'CACHITO'

Heredó el apodo que Alberto y Oswaldo Ramírez llevaron el siglo pasado, pero este 'Cachito' era un jugador distinto. Era de esos que llevaban la pelota pegada al pie, capaces de meter un pase preciso en cortada, devolver un taco o de un zapatazo sorpresivo anotar el gol de la fecha. Luis Ramírez llegó a la 'U' en el 2008, se hizo rápidamente figura y al año siguiente voló a Paraguay a jugar por Libertad. Regresó en el 2010 y se convirtió nuevamente en el hacedor del mediocampo crema. Su éxito hizo que este nuevo paso también durara poco y partió a Brasil a jugar por el Corinthians.

11 DE NOVIEMBRE DE 1984 — LA TARDE DE FARFÁN

A Tomás Farfán le decían 'Pechito'. Era un impetuoso zaguero central aliancista que esa tarde, en Matute, fue el protagonista del clásico. Un autogol suyo puso en ventaja a la 'U' a los 30' de iniciado el cotejo y a los 10' del complemento él mismo se encargó de marcar la igualdad. A pesar de la presencia de mundialistas como Juan Carlos Oblitas, Teófilo Cubillas y Jaime Duarte, el partido estuvo lejos de alcanzar el brillo esperado. El marcador no se movió.

12 DE NOVIEMBRE DE 1998 — GONZÁLEZ CASTIGADO

Casi dos años atrás, exactamente el 29 de setiembre de 1996, en Talara, el entrenador del Atlético Torino, César Cubilla, acusó al club crema de intentar sobornar a uno de sus jugadores (Pedro Meza) antes del partido que jugarían ese día. Tras meses de investigación, la Comisión de Justicia de la Federación Peruana de Fútbol inhabilitó por ocho años al entonces presidente del club, Alfredo González Salazar, al encontrarlo "copartícipe en la concertación de confabulación para intento de soborno". Los continuos desafíos de González al castigo, hicieron que luego interviniera la FIFA e inhabilitara al club de participar en competencias internacionales.

13 DE NOVIEMBRE DE 1949 — LA TERCERA ES LA VENCIDA

El torneo de este año tuvo una particularidad: se jugó a tres ruedas. En la primera venció Alianza 5-0, en la segunda la 'U' salió victoriosa con un 2-1 que terminó en escándalo porque los íntimos abandonaron el campo reclamando por un supuesto penal. En la tercera, la crema no dejó dudas. Venció 3-1 con goles de Alberto Terry, Jorge Rodríguez y Valdivia. Tres fechas más tarde, Universitario se consagró campeón al sumar 29 puntos, cinco más que su escolta (Mariscal Sucre). Alianza apenas alcanzó 22 unidades.

14 DE NOVIEMBRE DE 1948 — UN 'LOCO' QUE ERA DEFENSA Y '9'

Carlos Carbonell, mejor conocido como el 'Loco', llegó del Aurich y jugó en Lima, ante Independiente, el partido de ida por la final de la Copa Libertadores de 1972. Era un defensor fuerte y riguroso, con muy buena pegada para los tiros libres. Formó parte del plantel que fracasó en la Copa del siguiente año y en 1975 jugó en el Atlas de México al lado de Héctor Chumpitaz. Volvió al Perú y en 1981 fue parte del equipo que en dramáticos tres partidos perdió el subcampeonato ante Municipal. En el último (derrota crema por 2-3) marcó un notable gol de tiro libre. Carbonell, que ya por entonces tenía 32 años, se convirtió en el arma secreta de Roberto Scarone: cuando al equipo le urgía buscar el gol, lo enviaba como '9' a fin de aprovechar su buen golpe de cabeza.

15 DE NOVIEMBRE DE 1959 — CLÁSICO ES GOLEARTE

Era un clásico, el partido más importante del país. Pero la superioridad de Universitario era tal que lo definió en apenas 12 minutos. Dos goles de Daniel Ruiz y uno de un jovencísimo Ángel Uribe, conseguidos entre los 25' y los 37' de juego, le dieron forma a la goleada que el 'Chino' sellaría a los 15' del complemento al marcar un penal. En la 'U' que ese año se consagraría campeón, Dimas Zegarra defendía los tres palos, José Fernández empezaba a escribir su leyenda, mientras que el gran Jacinto Villalba entregaba lo que le quedaba de sabiduría. Arbitró esa tarde, don Alberto Tejada Burga.

16 DE NOVIEMBRE DE 1992 — 'PUCHUNGO' SE VA

Alfonso 'Puchungo' Yáñez era aún un menor de edad cuando debutó con Universitario, en 1987. Fue parte del equipo campeón de ese año y, ya convertido en figura, lo condujo a la obtención del cetro en 1990. Con la llegada de Iván Brzic perdió protagonismo, aunque formó parte del plantel que volvió a llevarse el torneo en 1992. Tenía solo 22 años. Y la 'U' lo dejó partir. Sus cortocircuitos con el serbio lo hicieron prescindible. Pero no se fue solo: los diarios informaban ese día que partían también el paraguayo Evaristo Massi, el lateral derecho Segundo Barreda, el zurdo César Rodríguez y el querido Jesús Torrealva. En ese momento, Brzic aún creía que Juan Carlos Letelier se podía quedar.

17 DE NOVIEMBRE DE 1963 — AL MENOS LA REVANCHA

No fue un buen año para Universitario. Acabó el campeonato tercero, con algunas derrotas penosas (Cristal lo goleó 4-1). Con Alianza -a la postre el campeón- perdió en la ida, pero logró cobrarse la revancha en la segunda rueda y vencerlo 2-1. Los tantos cremas del encuentro jugado en el Nacional fueron marcados por Rodolfo Guzmán (autogol) y Alejandro 'Pelé' Guzmán. Esa tarde se pusieron la crema: Dimas Zegarra; Moisés Barack, José y Jorge Fernández, Humberto Arguedas; Luis Cruzado, Jaime Ruiz; Ángel Uribe, Alejandro Guzmán, Luis Zavala y Jorge Cabanillas.

18 DE NOVIEMBRE DE 1939 — LA TERCERA ESTRELLA

Universitario vence a Atlético Cordova 7-1 en el estadio de Bellavista y cierra exitosamente su participación consagrándose campeón por tercera vez. El equipo que dirigía el inglés

Jack Greenwell jugó 14 partidos, ganó 9 y empató 2. Anotó 32 goles y recibió 14. El goleador fue Lolo Fernández con 15 anotaciones.

19 DE NOVIEMBRE DE 1995 — EL HIJO DEL VIENTO SE APELLIDA ROSSI

No venía bien la 'U' del 'Mago' Markarián. Cristal, en cambio, era una máquina que iba directo al título. La crema, pese a todo, golpeó primero: Jean Ferrari se disfrazó de 9 y puso el piecito para transformar en gol un centro envenenado. El 0-1 atizó los ánimos celestes y agrandó la figura de Héctor Martín Yupanqui, guardapiolas estudiantil, que una y otra vez respondía la metralla de disparos con manos firmes y una pizca de suerte. Hasta un penal le atajó a Nolberto Solano, aquella ruidosa tarde en el Nacional. De uno de esos tantos centros llovidos al área merengue en busca de un cabezazo salvador, vino la debacle rimense. Giuliano Portilla rechazó la pelota y esta quedó rodando en las inmediaciones del área grande. Allí la tomó Rossi y se lanzó a la carrera. Detrás fue Jorge Soto, quien alargó el tranco, se dio fuerza con los brazos y cuando estaban en campo celeste, ya le respiraba en la nuca. El 'Camello' le metía el hombro al brasileño, lo empujaba; este resistía, siempre llevándola con la izquierda. Al llegar al área, Rossi se encontró con un Balerio descomunal cerrándole el camino. En ese momento hizo un acto de equilibrio: cambió de pie y metió el derecho abajo, con la fuerza y el efecto para dibujar un globito que superó la apurada defensa del golero peruano-uruguayo. La bola entró mansa en el arco. Álex Sandro Rossi había anotado el gol de su vida. Ese que los hinchas noventeros aún gritan con pasión.

20 DE NOVIEMBRE DE 1977 ¬— EMPATE A LA CHICLAYANA

No era el mismo equipo que tres años antes había quebrado récords. Tampoco se parecía al que había raspado la final de la Libertadores en el 75. Pese a la vuelta de Roberto Chale, el Universitario versión 77 era un cuadro sin luces, irregular, mediano, aunque siempre guerrero. Esa tarde apenas pudo empatar a un gol con Juan Aurich, gracias a un penal convertido por David Zuloaga. La mediocridad no cambió en la liguilla final, en la que apenas pudo ganar dos partidos: a Melgar (2-0) y Cristal (1-0).

21 DE NOVIEMBRE DE 1942 — 'PRISCO' PROBÓ LA DINAMITA DE LOLO

Un 4-4 no puede haber sido otra cosa que un partidazo y así fue este encuentro lleno de incidencias, en el que Alianza acabó la brega con nueve hombres porque Teodoro 'Prisco' Alcalde y Lery Reyes abandonaron el campo lesionados. Sin embargo, hay un episodio que hizo imborrable este clásico: cuando Alianza ganaba 2-0, el árbitro decretó un tiro libre. El encargado de ejecutarlo fue Lolo Fernández, quien lo cobró con furia, como era su costumbre. Su poderoso disparo fue interceptado por 'Prisco', quien cayó al suelo conmocionado por el tremendo golpe que recibió en la cabeza. Pese a estar mareado, el defensor continuó en la brega y minutos después cometió una mano en el área que fue sancionada como penal, transformado en gol por Lolo. En ese momento, Alcalde no pudo más y, visiblemente aturdido, fue retirado del campo cargado por sus compañeros. Intentar detener uno de los balazos de Lolo tenía ese riesgo. 'Prisco' la sacó barata.

22 DE NOVIEMBRE DE 1977 — EL 'SANTI'

Santiago Acasiete es de esos jugadores que debieron quedarse a vivir en Ate. Al principio parecía que eso sucedería. Estuvo en las divisiones inferiores del club, pero debutó con la camiseta del Deportivo Wanka. Formó parte de ese equipo maravilloso que armó Ángel Cappa y se impuso en el Apertura del 2002 con el inolvidable "contra todo, contra todos". El 'Santi' era lateral derecho. La crisis institucional y económica del club cortó su vida en Universitario. Al año siguiente se fue a Cienciano a seguir escribiendo su historia.

23 DE NOVIEMBRE DE 1997 — DE A 7 AL MUNI

Víctor Benavides fue, por algún tiempo, el 'apagafuegos' del club. En los noventas, cuando surgía una crisis y el entrenador era echado, el buen 'Pichicho' agarraba el buzo y daba la cara en los momentos más feos. Fue en una de esas ocasiones que debió enfrentar nada menos que a Municipal. Esa tarde, en el Nacional, el equipo funcionó como un relojito. Roberto Farfán (3), César Charún, Rafael Gallardo y los paraguayos Guido Alvarenga y Daniel Navarro dibujaron el humillante 7-1 sobre los ediles que ni el golazo de Gustavo Tempone de tiro libre pudo disimular.

24 DE NOVIEMBRE DE 1946 — EL 'NIÑO TERRIBLE'

Es uno de los últimos genios nacidos en estos lares. Roberto Chale vio la luz en los Barrios Altos y desde muy pequeño destacó por su chispa y sus dotes como pelotero. Dueño de una técnica exquisita, formó parte de uno de los mejores equipos que ha tenido Universitario en su historia (1966-67) en pareja con otro jugador de excepción, Luis Cru-

zado. Roberto era pícaro, valiente y confianzudo. Se puso la crema por primera vez a los 19 años, participó en los históricos triunfos sobre River y Racing en Buenos Aires y se enfrentó a Rulli en la Bombonera. Una seductora oferta de Defensor Lima le hizo cambiar de equipo en 1970. Volvió en 1977, pero tras un incidente con un árbitro fue suspendido cuatro meses y tuvo que emigrar a Ecuador. La vida disipada le pasó factura y en 1980, con apenas 34 años, jugó su última temporada en Odriozola. Se hizo técnico y tras pasar por varios clubes e incluso la selección, en el Clausura de 1999 agarró las riendas del equipo tras la renuncia de Miguel Company. Ganó el título de ese año y el siguiente. Volvió en el 2015 y se llevó el Apertura 2016 con un once inigualable en el que brillaban Edison Flores, Andy Polo, Raúl Ruidíaz y Diego Guastavino. En el santoral merengue, Roberto ocupa un lugar de privilegio. A pocos se los quiere tanto como a él.

25 DE NOVIEMBRE DE 1945 — EL INICIO DEL PRIMER 'BI'

La temporada arrolladora de la crema la culminó ante el rival de toda la vida con un triunfo demoledor, pese a que Dyer intentó atenuarlo cuando el partido expiraba. Lolo Fernández a los 7' y a los 25' estableció la temprana ventaja que Juan Castro, a los 72', le puso color de goleada. El 3-1 sobre Alianza Lima significaría la quinta estrella del equipo merengue y el paso inicial del primer bicampeonato que conseguiría en su historia. Lolo fue el goleador del torneo con 16 tantos.

26 DE NOVIEMBRE DE 1989 — LA ALEGRÍA SE LLAMA 'BALÁN'

Andrés 'Balán' Gonzales era fuerte, potente, difícil de marcar por alto. Esa ventaja la aprovechó en este clásico jugado en Matute de final feliz. La pelota vino desde la izquierda hacia el área chica y hasta allí llegó el chalaco como un tren. Se elevó apenas unos centímetros, pero metió la testa con fuerza. El defensor que fue con él quedó fuera de la cancha y el golero desparramado dentro de su arco. La tribuna Norte se vino abajo. 'Balán' era alegría. Fue el único tanto de esa tarde de triunfo.

27 DE NOVIEMBRE DEL 2005 — LEAO, VE POR UN 'CAFÉ'

La estadística fría señala que esa tarde, en el Nacional, Universitario venció 2-1 a Alianza Lima. Que Piero Alva marcó el primero al meter el piecito en el área, luego de una 'peinada' de Guadalupe tras centro del 'Toto' Cornejo. Y que el empate lo puso el 'Zorrito' Aguirre con un cabezazo que dejó estático a 'Chiquito' Flores. Pero ese clásico se hizo inolvidable por el tanto que señaló el marcador final. Desde el círculo central, Álex Magallanes metió el empeine y la bola fue larga, en curva, sobre la espalda de los centrales blanquiazules. Mauricio Mendoza corrió por ella y cuando salía Butrón con un temerario pie arriba, el colombiano metió la frente y lo hizo pasar de largo, dejándolo en ridículo. Se abrió sobre su derecha y con el arco desguarnecido, la metió cruzada. 'Café' era un jugador irregular, de chispazos, pero estos eran suficientes para encender la tribuna. Esa tarde se hizo un espacio en la memoria del pueblo merengue. Y se robó un pedazo de nuestro corazón.

28 DE NOVIEMBRE DE 1993 — ESE MARAVILLOSO 'BI'

Uno de los capítulos de los inolvidables noventa lo protagonizó un equipo que parecía invencible, ese que dirigía Sergio Markarián e integraban Zubczuk, Reynoso, Asteggiano,

Dulanto, Martínez, Rodríguez. Carranza, Nunes, Balán, Silva, Torrealba y Baroni. Esa tarde alcanzaría el bicampeonato al superar 3-0 a San Agustín. Roberto Martínez de cabeza y el 'Viejo' Nunes en dos ocasiones anotarían los goles de una tarde en que la cancha del Nacional fue invadida por enfervorizados hinchas, mientras medio país se unía en un solo abrazo. Éramos campeones.

29 DE NOVIEMBRE DE 1931 — EL ESTRENO DE LOLO

Teodoro Fernández Meyzán tenía solo 18 años cuando debutó con la camiseta de Universitario. Lo hizo en un amistoso ante Magallanes de Chile al lado de su hermano mayor Arturo y otros jugadores experimentados como Plácido Galindo, Mario Pacheco, Eduardo Astengo y Alberto Denegri. Lolo marcó la única conquista del encuentro a los 19 minutos del complemento, tras recibir un centro de Luis Souza Ferreira. Un cabezazo marcó el estreno del más grande goleador de la historia del fútbol peruano.

30 DE NOVIEMBRE DE 1941 — EL MEJOR DE LOLO

Independiente no se había guardado nada. Sastre, De la Mata y Erico brillaban esa tarde del viejo Nacional repleto. Fernando Bello, a quien apodaban 'Tarzán', custodiaba su valla. En la 'U' la estrella era una sola: Teodoro 'Lolo' Fernández. Sastre abrió la cuenta temprano, pero ahí nomás empató Lolo de penal. Jorge 'Campolo' Alcalde, refuerzo de los diablos rojos, puso la ventaja, hasta que Biffi fue fouleado y el árbitro marcó tiro libre directo. Es aquí que empieza la leyenda: cuentan que la distancia era tan larga, que Bello se confió y no mandó barrera. Lolo se puso detrás de la pelota. La presencia del 'Cañonero' no le movió un pelo al golero argentino. El cañetano miró el arco, tomó vuelo y largó el zapatazo. El propio Lolo diría después que fue el mejor gol que marcó en su vida. La pelota se clavó en el arco visitante con una ferocidad inusitada. 'Tarzán' no lanzó ni un alarido.

DICIEMBRE

1 DE DICIEMBRE DE 1968 — PAGÓ POR CUATRO

En 1968 fue la penúltima temporada del KDT Nacional en Primera, un humilde equipo del Callao que realizó algunas presentaciones interesantes en su corta carrera en la división de honor. Ese año enfrentó a Universitario en dos ocasiones. En la ida dio el batacazo al vencer 1-0, pero en la vuelta la crema le hizo pagar caro su osadía. Con goles de Víctor Calatayud, Enrique Rodríguez, Roberto Chale y José Fernández, los merengues vencieron 4-1, triunfo que les permitió seguir en la lucha por el título del Descentralizado.

2 DE DICIEMBRE DEL 2000 — TAN CERCA DEL 'TRI'

Era un encuentro vital para alcanzar el tricampeonato. El rival, Sporting Cristal, asomaba temible, pero al principio todo pareció muy fácil: Esidio a los 4', tras pase filtrado de Maldonado, y Bernales (15') con un frentazo imposible pusieron el 2-0 tempranero. Un bombazo de Hidalgo de zurda acortó el marcador, pero otro zurdazo -ahora de Portilla- puso el 3-1. En los segundos finales, Frank Rojas le puso angustia al encuentro. El 3-2, sin embargo, no se movió. El 'Tri' quedaba al alcance de la mano.

3 DE DICIEMBRE DE 1926 — EL DÍA QUE NACIÓ 'SUPERMAN'

Fue uno de los pocos futbolistas peruanos que dieron nombre a un club en vida (el Walter Ormeño de Cañete). Don Walter nació en Lima y como medía 1,92m le decían 'Gulliver', pero en el imaginario criollo quedó estampado el apodo de 'Supermán'. Se vistió de crema entre 1946 y 1949, consagrándose campeón en dos oportunidades: en su primera temporada y en la última. Luego seguiría su carrera en Colombia, Argentina y México, incluyendo un paso por Alianza Lima. El 4 de enero del 2020 nos dejó a los 93 años.

4 DE DICIEMBRE DE 1991 — CUANDO ORESTES NOS DEJÓ

Dice Rafael Quirós que a Orestes Jordán no solo le decían 'Ciclón', también le llamaban 'cumpa', porque era un tipo amable, de fácil trato, muy distinto al jugador vehemente y fiero que imponía sobre el campo de juego. Contaba Jordán que cuando se enteró de la anulación del partido que la selección le había ganado a Austria 4-2, en Berlín 36, sintió "rabia, mucha rabia". "Los 15 [minutos] restantes de ese partido –rememoró en "El Comercio"- fueron de lucha a muerte. Ellos atacando y nosotros defendiéndonos con uñas y dientes. Te repartían por todos lados, pero tenías que aguantártelas. [...]. Al final ganamos. Lo demás se sabe. Esos 'gringos' no podían creerlo. Pero allí estaban con sus cuatro pepas". Jordán tenía 77 años cuando nos dejó.

5 DE DICIEMBRE DE 1990 — GERMÁN NUNCA MÁS

La 'U' recibía a Sporting Cristal en el "Lolo Fernández" con la necesidad de ganar, tras haber caído en el clásico ante Alianza.

Daniel Peredo, que además de estupendo relator era un infatigable contador de anécdotas, recordaba en un artículo en El Comercio que antes de ese encuentro ocurrió un hecho trascendental en la historia del club. El técnico Fernando Cuéllar había decidido que Germán Leguía, uno de los ídolos de la hinchada, no jugara y le comunicó a Álvaro Barco que tomaría su lugar. Pero a 'Cocoliche' no le dijo nada y los entrenamientos de la semana se desarrollaron con aparente normalidad. Ya en la concentración, Leguía conversaba con sus compañeros cuando, en un momento, el paraguayo Carlos Galeano intervino: "Las veces que hemos ganado en el campeonato...". 'Cocoliche' lo interrumpió: "Las veces que hemos ganado en el campeonato han sido cuando tú nos has jugado". En medio de las risas, Galeano respondió con filo: "No te rías mucho porque quien no juega ahora eres tú". Leguía no le hizo caso. Al momento del partido, cuando fue a recoger su ropa, el utilero le dijo que no había para él. La bomba estalló. "Germán salió disparado, lanzó insultos al cuerpo técnico y terminó viendo el partido desde la cancha de básquet", detrás del arco sur, contaba Peredo. Leguía rescindiría su contrato. Nunca más volvió a vestirse de crema oficialmente.

El partido lo ganó la 'U' 1-0 con gol, curiosamente, de Galeano. Fue la última vez que el equipo estudiantil venció a Sporting Cristal en el "Lolo Fernández".

---

6 DE DICIEMBRE DE 1959 — UN EMPATE BASTÓ

Diez años. Eternos, ansiosos, desesperantes. Universitario no había sumado una estrella desde 1949 y ese 1959 no daba señales de que las cosas pudieran cambiar, luego de que Alberto Terry sucumbiera a la tentación rimense y se pusiera la camiseta de Sporting Cristal. La adversidad resultó un reto y Segundo 'Titina' Castillo armó un equipo en el

que al lado de veteranos ilustres como Joe Calderón y Jacinto Villalba, destacaban Dimas Zegarra, Lucho Cruzado, Daniel Ruiz y un jovencísimo José Fernández. A falta de tres fechas para el final, la crema llegó a esa tarde con la convicción de ser el mejor. Aunque el resultado fue 1-1 ante Sport Boys, resultó suficiente. El 'Chino' Ruíz, goleador de la temporada, marcó el solitario gol merengue ante unas 35 mil personas en el Nacional.

7 DE DICIEMBRE DE 1992 — LETELIER Y UNA CUESTIÓN DE HONOR

Juan Carlos Letelier hierve. Mientras estaba en Chile, ya convertido en campeón con Universitario, leyó informaciones llegadas de Lima que anunciaban su separación del club por veterano, por desleal, porque se lesionaba. "Yo había llegado a un acuerdo verbal con Jorge Nicolini (presidente del club) y con esa tranquilidad viajé", le dijo a El Comercio. El goleador chileno, que había dado muestras de profesionalismo y caballerosidad, no entendía la razón de estas voces malintencionadas. De regreso en Lima, el delantero conversó con Nicolini para concretar su desvinculación. "Acepto que me boten por mal jugador, pero no por mala persona. Eso nunca", remató.

8 DE DICIEMBRE DEL 2000 — 'EDÚ' HISTÓRICO

Eduardo Esidio era el goleador de Universitario y del Descentralizado aún sin terminar. Ya había superado la marca de Ysrael Zúñiga, quien en la temporada anterior había llegado a los 32 goles, igualando al 'pichichi' de 1974, Pablo Muchotrigo. En el último partido de la temporada, ante Juan Aurich, el brasileño decidió dejar la valla más alta. En la goleada que el campeón le endilgó a los chiclayanos (5-0), anotó dos veces y alcanzó los 37 goles, récord que recién pudo batir el uruguayo Emanuel Herrera (40, Sporting Cristal), dieciocho años después.

9 DE DICIEMBRE DE 1978 — SIN PIEDAD

Ese año había llegado a Miguel Pellny a la presidencia y aunque la 'U' distaba de tener el poderío económico de Sporting Cristal y Alianza Lima, armó un equipo competitivo que tuvo en Germán Leguía, Alejandro Luces, Fernando Cuéllar y Juan José Oré sus puntales, dirigidos por el uruguayo más querido del club, don Roberto Scarone. En el último mes del año, la crema encadenó tres triunfos y un empate. Una de esas victorias fue ante Deportivo Junín, al que le encajó un contundente 5-0.

10 DE DICIEMBRE DE 1983 — TRIUNFO SOBRE EL 'TALADRO'

La 'U' había ocupado el tercer lugar en el torneo e ingresó a la liguilla con un punto de bonificación. Cristal y Melgar, que ocuparon los primeros lugares, sumaron 3 y 2 puntos, respectivamente. La crema llegó al segundo partido de la liguilla con un triunfo en el hombro. Al frente tenía al Torino del 'Mellizo' Suárez, 'Pata de rana' Zapata y Francisco 'Paco' Montero. Con José Ramos Delgado en el banco, consiguió salvar el escollo y vencer 2-1.

11 DE DICIEMBRE DE 1949 — LA SÉTIMA ANTE EL IQUEÑO

El año en que sufrió su goleada más espantosa en un clásico (1-9), Universitario consiguió la séptima estrella en su

palmarés. Lo hizo tras vencer a Centro Iqueño por un contundente 4-0. El equipo era dirigido por Arturo Fernández y tenía en sus filas a figuras de la talla de Augusto Gasco, Segundo 'Titina' Castillo, Jorge 'Campolo' Alcalde y Lolo Fernández.

12 DE DICIEMBRE DE 1974 — NACE EL 'MAESTRITO'

A los 34 años, fue el fichaje bomba del 2009. No era más la estrella del fútbol inglés, su último club era el desconocido Larisa de Grecia. Su arribo parecía más un golpe de marketing, el fogonazo necesario para encender la ilusión del equipo que dirigía Juan Reynoso. El palomilla del barrio chalaco de Rigel, a quien Maradona bautizó como 'maestrito', se puso la camiseta crema y regaló lo que quedaba de su clase en momentos clave, como la definición del título ante Alianza y la Copa Libertadores. Nolberto Solano, un crack que supo ser campeón con la crema sobre el pecho.

13 DE DICIEMBRE DEL 2009 — EL TÍTULO DE 'ÑOL'

A los 6', Ruidíaz había reventado el travesaño. Un minuto después, Libman había salvado su valla en una salida suicida. El rebote quedó ahí nomás y cuando Fito Espinoza escalaba por la izquierda, es derribado y Víctor Hugo Carrillo marcó penal. Iban 8' de juego y Ñol Solano, brazos en jarra, se colocó delante de la pelota. No tiró muy fuerte ni muy esquinado. La bola fue cruzada, rasante y aunque el golero aliancista adivinó el destino del disparo, su estirada no sirvió de nada. El 1-0 no se movería más. La 'U', en casa, obtenía su estrella número 25. Le volvía a ganar a Alianza una final.

14 DE DICIEMBRE DE 1975 — PASITO A PASO

La 'U' que quedó muy cerca de repetir la final de la Copa Libertadores se había desvanecido. Sin Hohberg, Chumpitaz, Cachito Ramírez ni Juan Carlos Oblitas, el club no tenía dinero. Fernando Cuéllar, Roberto 'Crítico' Zevallos, Juan José Oré y Rubén 'Panadero' Díaz pelearon por llevar la nave a buen puerto y estuvieron a punto de conseguirlo. El 1-0 sobre el modesto León de Huánuco les permitió sumar y mantener el sueño de meterse al menos en la Copa Libertadores.

15 DE DICIEMBRE DEL 2013 — PARA DEMOSTRAR QUIÉN ERA EL MEJOR

Los reglamentos de los torneos peruanos, esos compendios del ridículo con que se desvaloriza al fútbol cada año, determinaron que la diferencia de goles no tendría validez en los playoffs de esa temporada. En la ida, la 'U' había caído 3-2 en el Cusco, así que le bastaba ganar por un gol en casa para forzar un tercer partido. Pero esa crema de Comizzo se caracterizaba por su avidez goleadora (hizo 66 al término de la temporada) y en el Monumental tenía que demostrar con creces quién era el mejor. Guastavino con un hermoso tiro libre, Sebastián Fernández tras una escapada fulminante y Guarderas con un zurdazo rasante le pusieron fecha a la definición en Huancayo.

16 DE DICIEMBRE DEL 2007 — DESPIDIENDO AL CAMPEÓN

Un irregular Apertura pasó la factura al final del año. Aunque Universitario levantó su juego y acabó segundo del Clausura, a solo un punto del Coronel Bolognesi, el acumula-

do lo situó en la cuarta posición con la Sudamericana como premio consuelo. El último partido lo enfrentó al que sería el campeón de la temporada: San Martín. Jesús Rabanal y el chileno Luis Núñez, con una huacha sobre Leao Butrón, marcaron el 2-0 definitivo.

17 DE DICIEMBRE DE 1933 — PRIMERA VEZ EN SAINT ETTIENE

Después de las catastróficas derrotas en España, la 'U' (también conocida como el 'Combinado del Pacífico' o el 'All Pacific') volvió a Francia para jugar ante el Saint Ettiene, partido que culminó 1-1 y del cual se tienen pocas referencias. Nadie imaginaría que 86 años después, un jugador peruano, que se hizo crack en Universitario, sería fichado por el principal club de esa ciudad. En el 2019, Miguel Trauco se convirtió en el lateral izquierdo del Saint Ettiene, con el cual participó en la Ligue 1 francesa.

18 DE DICIEMBRE DE 1981 — AL BOCA DE MARADONA

A inicios de ese año, Boca Juniors era una máquina de hacer fútbol que tenía a Diego Armando Maradona como orgulloso emblema. Luego de triunfar en el Metropolitano, encarriló una serie de amistosos internacionales, dos de los cuales jugó en Lima ante Universitario y Alianza Lima. La versión crema que recibió a los xeneizes distaba del poderío de otrora. El fútbol lo ponían Germán Leguía y César Echeandía, pero le faltaba fuego internacional. Los organizadores buscaron a Hugo Sotil como alternativa y el Cholo, uno de los ídolos de Alianza, se puso la crema sin remilgos. Justamente de los pies de Sotil salió la solitaria conquista del encuentro: cuando se acababa el segundo tiempo, un pase filtrado en el área dejó a Echeandía a tiro de gol. Fue derribado y el árbitro Enrique Labó señaló el punto de penal. Walter Escobar lo cambió por gol con un disparo esquinado, resuelto con fineza, que puso el 1-0. En el elenco auriazul destacaba un flaco alto y fuerte, que esa noche, por más que quiso, no pudo superar a Eusebio Acasuzo: se llamaba Ricardo Gareca.

19 DE DICIEMBRE DE 1932 — DIMAS, EL DUEÑO DEL ARCO

En una entrevista con El Comercio reconoció que no fue sencilla su llegada a Universitario. "Fue chocante porque yo era el único jugador de color y la 'U' estaba integrada por blanquitos. Me vieron como algo raro (sonríe) y hasta noté cierta resistencia". Dimas Zegarra tenía apenas 20 años ese mayo de 1953 y dentro de la dirigencia crema no había unanimidad respecto a su contratación. Hasta que intervino Plácido Galindo "que era el mandamás del fútbol peruano y la 'U'", señala Zegarra. Ágil y de buenos reflejos, el larguirucho golero permaneció hasta 1965 en el club. En ese período ganó los títulos en 1959, 1960 y 1964.

20 DE DICIEMBRE DE 1999 — LA MÁS HERMOSA DE LAS DERROTAS

Ha sido la derrota en un clásico más celebrada que se recuerde. El verde de Matute fue inundado por un mar de camisetas cremas que no solo celebraban el bicampeonato, sino haber ganado un título más en casa del rival de toda la vida. Cinco días antes, Universitario había vencido 3-0 en el Nacional, la noche en que José del Solar fue expulsado por celebrar su gol, un hermoso tiro libre que habría que atesorar en la bóveda del banco más importante del país. Un empate y hasta una derrota en Matute estaban en los planes de Roberto Chale, mientras que el equipo de Jorge Luis Pinto

urgía de tranquilidad para golear. Fue un partido tenso, de mucho pizarrón, que en un inicio se desbalanceó en favor de Alianza con la roja para Gustavo Grondona tras una falta sobre Miguel Llanos. El colombiano Víctor Mafla abrió la cuenta minutos antes del descanso y se presagiaba un martilleo incesante sobre área crema en el complemento. Pero los de Pinto se equivocaron. El reloj les jugó en contra muy rápido y el desorden se transformó en desesperación. John Hinostroza se fue de la cancha tras un choque con Marko Ciurlizza y Sandro Baylón siguió su camino tras patear a Óscar Ibáñez. El pitazo de Víctor Mayorga fue el éxtasis. La imagen del golero merengue sentado sobre el travesaño del arco Norte, celebrando con la Trinchera, es una postal inolvidable de esa derrota. La más hermosa de todas.

21 DE DICIEMBRE DE 1941 — LOLO SALVÓ EL INVICTO

Independiente y San Lorenzo habían llegado a Lima a jugar amistosos contra Alianza, Municipal y Universitario. El último de ellos enfrentó a los cremas contra los 'cuervos', que tenían al temible goleador paraguayo Arsenio Erico en sus filas. Edgardo Mabama abrió la cuenta, pero la visita se puso 2-1, resultado que parecía no tendría modificaciones, hasta que Lolo Fernández marcó el empate en la agonía del encuentro. La 'U' terminó invicto esa temporada internacional: había empatado con Independiente 2-2, luego le había ganado 2-0, para culminar con un sufrido empate ante los azulgranas.

22 DE DICIEMBRE DE 1985 — EL ÚLTIMO CLÁSICO DEL CIEGO

Volvió a la 'U' el año anterior, después de su paso por el Seresien de Bélgica con su compadre Percy Rojas. La dolorosa eliminación del Mundial de México 1986 aceleró la decisión de Juan Carlos Oblitas de colgar los botines y ese domingo no sería su último partido, pero sí su último clásico. Esa tarde tuvo que enfrentar a otro veterano tan ilustre como él, Jaime Duarte, quien controló todo el partido sus arremetidas por la banda izquierda. Hasta que en el minuto 37, cuando el partido tenía cara de o a o, el 'Ciego' logró superar el 'Chiquillo' y metió un centro envenenado que Miguel Seminario, anticipándose a José Gonzales Ganoza, transformó en gol. Fue la única conquista del partido. Con el pitazo final, Ramón Quiroga se lo subió a los hombros y lo paseó por el campo para que recibiera el aplauso de las más de 40 mil almas que repletaban el Nacional.

23 DE DICIEMBRE DE 1998 — LOS CHICOS DE PIAZZA

El año no había empezado con esperanza. El club andaba con los bolsillos vacíos y aunque hizo una importante inversión al contratar a Osvaldo Piazza, faltaba dinero para grandes refuerzos. El mensaje desde la dirigencia fue que se las arreglara con los chicos. Y el argentino cumplió al pie de la letra. Mario Gómez, Anthony Matellini, Oswaldo 'Polvorita' Carrión., Jorge Araujo, Luis Cordero y Piero Alva fueron algunos de los chiquillos que saltaron al ruedo, acompañados por el Chino Pereda, Óscar Ibáñez, Luis Guadalupe, Edson Domínguez, Jean Ferrari, Roberto Farfán, Marko Ciurlizza, dos argentinos con escasísimo cartel –Mauro Cantoro y Diego Gross-, una incógnita llamada Eduardo Esidio y un ilustre veterano que llegó sobre el final: Gustavo Grondona. Con ellos, Piazza ganó el Apertura con 43 puntos y alcanzó la final contra el dueño del Clausura, el poderoso Sporting Cristal. En la ida habían ganado los celestes 2-1 y en la vuelta la crema forzó los penales con un triunfo por el mismo marcador. Lo que vino después fue una definición que estuvo para

cualquiera. Llegó el turno de Germán Carty y erró. Como era el segundo cervecero en hacerlo, Esidio tenía en su botín izquierdo la llave del título. El brasileño, a quien la dirigencia quiso echar a principios de temporada cuando se descubrió que tenía VIH, se paró delante de la pelota y miró el arco con la serenidad de un francotirador. Dio unos pasos y metió el zurdazo a media altura, fuerte y colocado. Ferro intuyó la dirección, pero su estirada solo sirvió para adornar la imagen. Mientras el Nacional explotaba, Piazza corría hacía el camarín, huyendo de los abrazos. Otra vez éramos campeones.

24 DE DICIEMBRE DE 1944 — LA NOCHEBUENA DEL CAÑONERO

Una operación a los meniscos y 31 años de edad no fueron impedimento para que Lolo Fernández volviera a protagonizar una noche memorable con la camiseta de Universitario. Era víspera de Navidad y el rival Racing de Avellaneda. En un Nacional con menos público del que se esperaba, el delantero cañetano se sobrepuso a los problemas físicos propios de su intenso trajín en los campos de juego y siguió agigantando su leyenda al marcar cinco tantos en la valla del argentino Rodríguez. El primero fue a los 7', tras un servicio de Baldovino. Luego del empate de la visita, Lolo recibió un pase de su hermano Lolín y a los 37' marcó el segundo. Antes del descanso, a los 44', puso el tercero de cabeza. A los 5' del complemento volvió a poner su sello goleador. La visita amagó con una reacción y llegó a ponerse 3-4, pero un nuevo centro de Lolín le permitió a Lolo anotar el 5-3 definitivo. Pocas veces el pueblo crema recibió la Navidad con tanta alegría.

25 DE DICIEMBRE DE 1984 — EL NIÑO JESÚS

Nacer en Navidad no convirtió a Jesús Rabanal en ningún Mesías. Tardó en hacerse de un nombre en el fútbol peruano. A diferencia de otros compañeros de generación como Paolo Guerrero o Jefferson Farfán, 'Charra' recién alcanzó cierta figuración cuando Ricardo Gareca se hizo cargo del equipo en el 2007, pero no fue hasta el 2009, con Juan Reynoso en el banco, cuando su nombre alcanzó otra dimensión. El 2011 fue su última temporada en Ate, apurada por la profunda crisis institucional que atravesaba el club.

26 DE DICIEMBRE DEL 2004 — EL ADIÓS DEL 'PUMA'

Su último año fue accidentado. Tenía ya 40 años, su rendimiento había decrecido y su influencia en la interna del club era vista como perjudicial por la dirigencia. Tras una para prolongada, volvió a las canchas en octubre del 2004 y dijo adiós en su casa, el Monumental, ante el Deportivo Wanka en una tarde de goleada (5-2). Uno de los tantos fue suyo, de penal, el cual marcó a la manera que había popularizado en los últimos años de su carrera: con el pase del desprecio. Cuando el juez dio la orden, Carranza metió un derechazo rasante sobre su mano izquierda, mientras miraba hacia el otro lado. El arquero quedó desairado. Una sonrisota acompañó al 'Puma' en su celebración.

27 DE DICIEMBRE DE 1995 — POR SIEMPRE ROBERT

Nueve temporadas, cuatro campeonatos nacionales. La historia de Roberto Martínez en Universitario tenía suficientes páginas maravillosas para recordarlo por siempre. Sin embargo, hubo un gol que lo hizo inmortal. Fue en el último

clásico de la temporada, jugado en el Nacional, que no definía el título sino al acompañante a la Copa Libertadores del Cristal campeón. Era un encuentro intenso, de pocas luces. La 'U' expresaba su dominio martillando el arco blanquiazul sin eficacia. En una de esas acciones –un remate de Paolo Maldonado- se generó un córner desde el vértice de Norte con Occidente. Era el minuto 39 del complemento. La pelota fue hacia el corazón del área aliancista y Panchi Pizarro, hostigado por defensores y delanteros, apenas la pudo manotear. Dando botes, la bola quedó mansa para la zurda de Rossi, quien disparó incómodo. El nuevo rebote fue hacia la línea grande y en busca de ella fue Roberto. Allí largó un derechazo seco. Rasante. Imparable. Las tribunas retumbaron, mientras Pizarro volaba para la foto. Robert empezó a correr sin rumbo fijo, gritando, con la camiseta levantada, tocándose el pecho, esquivando a sus compañeros. Lo agarraron cuando llegaba Oriente. Allí lo rodearon y lo tiraron al suelo. Pocas veces se vio una celebración así. Quizás porque era el presagio de su definitivo adiós.

28 DE DICIEMBRE DE 1967 — JUAN VINO PARA SER CAMPEÓN

Juan Reynoso no nació en cuna humilde, como tantos futbolistas, pero su historia con el balón es irrepetible. Debutó con la camiseta de Alianza a los 16 años y su sapiencia con el balón hizo que las comparaciones con Víctor Benítez, otra leyenda íntima que debutó antes de la mayoría de edad, no se hicieran esperar. Una expulsión lo salvó de morir en la tragedia de Ventanilla, en 1987. A los 25, un desencuentro con la dirigencia lo llevó a desembarcar en Universitario en 1993, año en que, además, se consagró campeón. Y en el 2009, ya convertido en técnico, volvió a campeonar con la crema, tras dos partidos inolvidables ante Alianza Lima. Reynoso es aún un apellido prohibido en Matute; en Ate, es señal de respeto y buenos recuerdos. Es un crema más.

29 DE DICIEMBRE DE 1974 — LA PRIMERA VUELTA EN MATUTE

El cuadrangular se llamaba Señor de los Milagros, pero ni ello le permitió a Alianza Lima convertirse en el primer equipo en dar la vuelta olímpica en su estadio. El privilegio le correspondió a Universitario, que junto con Nacional de Montevideo e Independiente de Avellaneda animaron un cuadrangular por la inauguración del moderno recinto aliancista. La crema de Juan Eduardo Hohberg, que tenía a Héctor Chumpitaz, Juan Carlos Oblitas, Percy Rojas, Juan José Oré y Rubén Techera en sus filas, impuso condiciones por demolición. Dos días antes había vencido 3-0 al equipo de Ricardo Bochini y en el tope final superó al 'Bolso' 1-0 con tanto de 'Cachito' Ramírez.

30 DE DICIEMBRE DE 1984 — TABLAS CON MELGAR

Sport Boys, de la mano de Marcos Calderón, se había consagrado campeón y por esas rarezas propias de nuestros campeonatos, el segundo puesto se definió en una liguilla con tres equipos: CNI (subcampeón del Descentralizado) y los campeones regionales que hubiesen quedado entre los seis mejores en el Descentralizado: Melgar (zona Sur) y Universitario (zona Metropolitana). Los partidos se jugaron en el Nacional y empezaron con el encuentro entre cremas y arequipeños. Pese a contar con el favor de la hinchada, el cuadro dirigido por Fernando Cuéllar no pudo imponer diferencias y empató a un gol con los rojinegros.

31 DE DICIEMBRE DE 1940 — RUBIÑOS VOLVIÓ A NACER

El fantasma de México 70 perseguirá a Luis Rubiños por siempre. Lo que nadie puede negar es la exitosa trayectoria del trujillano que en 1974, a los 33 años, se puso los guantes para defender la valla crema. Arrancó como suplente de Humberto Horacio Ballesteros, pero terminó adueñándose del puesto en esa temporada espléndida que cumplió la crema bajo el mando de Juan Eduardo Hohberg. Al año siguiente se marchó a Trujillo y volvió a Odriozola en 1977 para colgar los guantes. Años después volvería a las canchas con otra camiseta, pero esa es otra historia.

SOBRE EL AUTOR

Pedro Ortiz Bisso (Lima, 1968) ha sido subdirector del diario El Comercio de Lima, donde trabajó durante 30 años. Ganó el premio Ayuda a la comunidad, de la Sociedad Interamericana de Prensa, en 1994. Como periodista deportivo ha cubierto los Juegos Olímpicos de Atlanta en 1996, la Copa América 1999, eliminatorias mundialistas y varias ediciones de la Copa Libertadores de América. Los goles de Oswaldo 'Cachito' Ramírez con la camiseta de la 'U' lo convirtieron en hincha de Universitario desde muy niño. En el 2009 creó el blog Trinchera Crema, a través del cual -y de sus redes sociales- opina sobre la actualidad del club merengue.